BART SIMPSONS

Tips & Tricks

...für alle Lebenslagen

Mit freundlicher Unterstützung von Matt Groening

Zum Gedenken an Schneeball 1: Wann immer wir um drei Uhr Nachts eine Katze jaulen hören, wann immer wir auf einem ausgewürgten Haarbüschel ausrutschen, wann immer uns der Duft eines Katzenklos in die Nase steigt, denken wir an Dich.

Die Deutsche Bibliothek – CIP-Einheitsaufnahme

Matt Groening:
Bart Simpsons Tips & Tricks für alle Lebenslagen
(Übersetzung aus dem Amerikanischen: Marc Hillefeld.)
Stuttgart: Dino Verl., 1998
ISBN: 3-89748-100-6

Dieses Buch wurde auf chlorfreiem, umweltfreundlich hergestelltem Papier gedruckt.

© 1999 für die deutsche Ausgabe by Dino Verlag GmbH, Rotebühlstr. 87, 70178 Stuttgart. Alle Rechte vorbehalten.

The Simpsons^{TM}, created by Matt Groening, are the trademarked and copyrighted property of Twentieth Century Fox Film Corpoeration. Used with permission. All rights reserved.

BART SIMPSON'S GUIDE TO LIFE © 1993 Matt Groening Productions, Inc. All Rights reserved. Published under license from Bongo Entertainment, Inc. Neither this book nor any portion of it may be used or reproduces for any purpose whatsoever without the express written permission of Bongo Entertainment, Inc.

Konzept/Art Direction: MILI SMYTHE
Supreme Scrivener: JAMIE ANGELL
Logistische Leitung: DOUG WHALEY
Design: PETER ALEXANDER, DOUG WHALEY
Computer Whiz: DANIEL AMANTE
Textbeiträge: PETER ALEXANDER, JAMIE ANGELL, TED BROCK, EILEEN CAMPION, MAX FRANKE, JIM JENSEN, BARBARA McADAMS, BILL MORRISION, MILI SMYTHE, MARY TRAINOR, DOUG WHALEY
Recherche: JIM JENSEN
Zeichner: BILL MORRISON, DALE HENDRICKSON, JOHN ADAM
Legal Guardian: SUSAN GRODE

Übersetzung aus dem Amerikanischen: MARC HILLEFELD.
Verantwortl. Redakteurin: ANNE BERLING
Redaktion: MAX MÜLLER & ROGER TAKÀCS
Repro/Grafik: Druck Digital!, Stuttgart
Druck: MiLANOSTAMPA S.P.A., FARIGLIANO, ITALIEN.

ISBN: 3-89748-100-6

HAFTUNGSERKLÄRUNG... 1
Der Sinn des Lebens

SCHULE... 3
Fälschungen • Gartenschnecke • Buchbesprechungen • Heulsusen

ESSEN... 19
Schlabberlatz • Preßsack • Donut tunken • Das singende Weinglas

GESUNDHEIT & FITNESS... 33
Schluckauf • Schweissfüsse • Körperpulver • Akne

ARBEIT & GELD... 45
Einbalsamierer • Lotto • Die Kunst des Verhandelns

SCHLAF... 57
Sprechende Schweine • Warme Milch • Gothische Steinwächter

ELTERN... 67
Gewürzregale • Haarwachs • Lügen

KUNST & KULTUR... 75
Poesie • Das Leichentuch des Jebediah • Zeichensetzung

WISSENSCHAFT... 85
Namologie • Beschleunigung • Der unglaubliche Anti-Schwerkraft-Boy

SPRACHE UND KOMMUNIKATION... 95
Tabu der linken Hand • Schweinelatein • Je t'aime

TIERE... 105
Kongoschlangen • Hundejahre • Das ultimative Traumhaustier

SEX... 113
Schweiß • Babies • Liebeslieder für Grundschüler

PSYCHOLOGIE... 121
Sombreros • Blennophobie • Napoleon

RECHT & ORDNUNG
Blutkapseln • Die "zitternder Pinscher"-Strategie

WEIHNACHTEN... 139
Taumelnde Zombies • Die Weihnachtsmann-Falle • Büroklammernkunst

SELTSAME SACHEN... 151
Mayonnaise • Verhalten von Aliens • Killerziegen

RELIGION... 165
Himmel • Hölle • Dudelsäcke

SCHLUSS... 177
Weitere Verwendungsmöglichkeiten

INDEX... 178
Alles noch mal, nur alphabetisch

Hallo, mein Freund, und herzlich willkommen bei Bart Simpsons Tips & Tricks. Wenn Du dieses Buch nicht geklaut* oder geschenkt bekommen hast, müssen wir hier bei der Bart Simpsons Stiftung für persönliche Bereicherung tatsächlich davon ausgehen, dass Du für dieses Produkt Geld ausgegeben hast. Deshalb gehen wir auch davon aus, es mit einem verantwortungs-bewussten und mitfühlenden Menschen zu tun zu haben, der nach Wahrheit und Wissen strebt, mit jemanden, der sich ernst-hafte Gedanken um seine/ihre Umwelt und um seine/ihre Mitmenschen macht, einem Individuum, das bereit ist, sich auf den langen aber lohnenden Weg zur Erleuchtung zu wagen.

Willkommen im Tal der Tränen, Mann.

* An den nichtsnutzigen Hundesohn, der dieses Buch geklaut hat: Ich weiss, wo Du wohnst, und ich werd Dich bis ans Ende der Welt jagen und kaltmachen. Vielleicht nicht in dieser Woche, vielleicht auch noch nicht in der nächsten. Aber irgendwann, wenn Du am wenigsten damit rechnest. Du bist totes Fleisch, Mann.

HINWEIS DES AUTORS: Dieses Buch wurde einzig zum Zwecke der Unterhaltung verfasst. Mir, Bart Simpson, kommt der gesamte Verdienst für alle Verbesserungen in Deinem Leben zu, die mit dem Erwerb dieses Buches oder einer angemessenen Zeitspanne danach eintreten können. Oder solange, bis die Hölle zufriert, je nach dem, was länger dauert. Ich, Bart Simpson, übernehme keine Verantwortung für irgendwelche Schwierigkeiten, die aus den selben Gründen entstehen könnten, unter anderem: Hausarrest, Verhaftung, Schulverweis, entstellende Jagdunfälle und die Todesstrafe. Also, wir haben Dich gewarnt.
Und jetzt viel Spaß!

Um den wahren Sinn des Lebens zu ergründen, blättere auf Seite 144

Schule

DIE KUNST DES FÄLSCHENS!

Okay, hör zu, Mann! Ich brauch' Euch wohl nicht zu sagen, daß wir Kids tonnenweise Sachen machen müssen, die wirklich ätzend sind. Doch da gibt es etwas, so übel, so gemein, so unfair, so unbeschreiblich furchtbar, daß sie erst ein Gesetz erlassen mußten, um uns unter dieses Joch zu zwingen. Genau, Schule. Zwölf Jahre Zwangsarbeit! Bücherlisten wie Eisenketten! Zeugnisse wie Bewährungsstrafen! Zum Lesenlernen verurteilt! Es gibt kein Entkommen!...Oder doch?

Durch die Beherrschung einer einzigen Kunstfertigkeit, kannst Du durch die Fänge des Gesetztes schlüpfen und in den Genuß der Pausen kommen, die Dir eigentlich zustehen. Die Kunst der Unterschriftenfälschung wird es Dir - elegant, sauber und bei jeder Gelegenheit - ermöglichen, Dein Leben so zu führen, wie Du es willst. Hier seht Ihr ein paar elementare Dokumente, die Ihr immer wieder gebrauchen könnt.

Beherzigt diese Beispiele, prägt sie Euch ein, probiert sie aus –
und vor allem: Üben, Üben, Üben, Mann!

DIE UNFEHLBARE KRANKMELDUNG

Bitte entschuldigen Sie, dass _____ (Hier Deinen Namen eintragen) die letzten zwei Tage nicht zum Unterricht erschienen ist. Er/sie hatte einen akuten Anfall von Gedächtnisschwund und hat vergessen, zur Schule zu gehen. Danke, ihm/ihr geht es schon viel besser. Aber bitte erzählen Sie das niemanden weiter, es könnte sonst einen Rückfall zur Folge haben.
Mit freundlichen Grüssen,
_____ (Unterschrift Deiner Eltern)

DAS SPORT-BEFREIUNGSSCHREIBEN

_____ (Hier Deinen Namen eintragen) hat sich eine Rückenverletzung zugezogen, als er/sie mich über eine Pfütze getragen hat. Er/sie darf nichts tun, das auch nur entfernt nach Leibesübungen klingt. Nie wieder. Oder wir werden den letzten Pfennig aus Ihnen herausklagen.
Mit freundlichen Grüssen,
_____ (Unterschrift Deiner Eltern)

DAS PERFEKTE FÜHRUNGSZEUGNIS

Lieber Herr/Frau _____ (Hier Deinen Nachnamen eintragen),
mit diesem Schreiben möchte ich Ihnen mitteilen, wie gut sich _____ (Hier Deinen Namen eintragen) in meiner Klasse macht! Wir alle finden ihn/sie mega-cool und hoffen, das er/sie immer so bleiben wird. Wie hat er/sie nur gelernt, so toll auf den Fingern zu pfeifen? Eines Tages werde ich Ihnen vielleicht schreiben, wie unerträglich _____ (Hier Deinen Namen eintragen) ist, aber ich bin ein paranoider Geisteskranker – also ignorieren sie das dann einfach, sonst werde ich Sie möglicherweise umbringen.
Mit freundlichen Grüssen,
_____ (Unterschrift Deines Lehrers)

DER ULTRAGEILE SCHULFREISTELLUNGSSCHEIN

_____ (Hier Deinen Namen eintragen) befindet sich auf einem geheimen Kommandoeinsatz auf der Suche nach meinem Haarteil. Halten Sie ihn/sie keine Sekunde länger auf, sonst werde ich dafür sorgen, das Sie für den Rest des Schuljahres festgesetzt werden.
Mit freundlichen Grüssen,
_____ (Unterschrift Deines Schuldirektors)

Okay, Mann, jetzt hast Du gesehen, wie leicht Du Macht und Freiheit an Dich reißen kannst. Also fang damit an, die Unterschrift Deiner Eltern zu fälschen, dann mach Dich an die Deiner Lehrer (bringt Dich locker durch das nächste Schuljahr) und die Deines Rektors (bringt Dich durch den Rest Deiner Schulzeit). Beweise Ihnen, daß die Feder mächtiger ist, als das Schwert!

REFERATS-

Du kennst das! Beim Verlassen des Hauses fällt Dir ein, dass Du heute ein Referat halten sollst! Was tun? Hier ein paar Bart-getestete Publikumsrenner, mit denen Du Dich in Null-Komma-Nichts durchmogeln kannst. Und noch eine bewährte Daumenregel – wenn Du sie nicht mit Deiner Brillanz blenden kannst, verblüffe sie mit Blödsinn. Und denk dran – mach immer ein ehrliches Gesicht. Und wenn alles andere versagen sollte... ekel sie unter die Bänke!

AUS DEM HAUS
1. Narben (funktionieren sofort; denk Dir 'ne gute Story aus).

2. Opas Gebiss (ekelt jeden 'raus!)

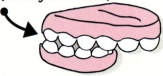

3. Kartoffelchips in der Form von Berühmtheiten (Harald Juhnke ist ein bombensicherer Publikumsrenner).

4. Wundnähte (Machen immer Eindruck; sei einfallsreich bei der Erklärung, wie sie dahin gekommen sind).

5. Milchzähne (Warte bis sie ausfallen, bevor Du sie mitnimmst).

6. Das Baby (Warte bis Deine Mami nicht hinsieht, bevor Du es mitnimmst).

THEMEN *auf den letzten Drücker*

7. Das Toupet Deines Vaters.

> DEINE ÄLTERE SCHWESTER: EINE NIE VERSIEGENDE QUELLE FASZINIERENDER THEMEN
>
> 12. Ihr Bügel-BH
> 13. Ihr Tagebuch
> 14. Ihre Schaumgummi-BH-Einlagen
> 15. Ihr Poesie-Album
> 16. Ihre Verhütungsmittel (ebenso unergründlich wie faszinierend)

8. Das Gewehr Deiner Eltern.

9. Von Deinen Geschwistern gemalte Kunstwerke.

10. Die extra-grossen Unterhosen Deines Vaters (für extra-grosse Lacher).

11. Ein Foto von der Tätowierung Deines Onkels.

NOCH MEHR REFERATSTHEMEN

17. Das BITTE NICHT ENTFERNEN-Schildchen von der Rückseite Deiner Matratze

18. Die alten Liebesbriefe Deiner Eltern (Du weisst ja, wo sie versteckt sind. Falls nicht, frag Deine Mutter, wenn sie gerade eine sentimentale Anwandlung hat.

AUS DEM GARTEN

20. Vergammelte Früchte oder vergammeltes Gemüse (am besten mit Schimmel drauf)

21. Obstwürmer

22. Stinkkäfer

23. Gottesanbeterinnen (sperr 2 zusammen und lass sie kämpfen – der Gewinner frisst den Verlierer!)

24. Jede Art von Larven

25. Regenwürmer (bring genug zum Teilen mit!)

26. Verweste Haustiere (Einfach ausgraben und schon kann die Horror-Show losgeh'n.)

27. Nacktschnecken (Für geile Rennen!)

AUS DER NACHBARSCHAFT

28. Postversand-Kataloge für Unterwäsche

19. Vergammelte Milch (Gib sie herum, damit jeder mal riechen kann.)

ÜBERLEBEN AUF DEM SCHULHOF: FÜR JEDEN PAPPENHEIMER DAS PASSENDE

PERSÖNLICH-KEITSPROFIL

SPIELKAMERAD	CHARAKTER-EIGENSCHAFTEN	BEVORZUGTE PAUSEN-AKTIVITÄT	HÄUFIGSTE ÄUSSERUNG	SPÄTERER BERUF
 DIE HEULBOJE	Passiv-Aggressiv	Läuft ständig heulend zum Lehrer	"AUA! Das tut weh! Das petz' ich!!!"	Anwalt, spezialisiert auf Schmerzensgeld-Fälle
 DIE KLEINE GIFT-SCHLANGE	Aggressiv-Aggressiv	Tratscht in der Mädchentoilette	"Habt Ihr schon gehört...?"	Klatsch-Kolumnistin
DER GROBIAN	Massiv-Aggressiv	Aufknüpfen, Verprügeln	Grunzen	Türsteher

SPIELKAMERAD	CHARAKTER-EIGENSCHAFTEN	BEVORZUGTE PAUSEN-AKTIVITÄT	HÄUFIGSTE ÄUSSERUNG	SPÄTERER BERUF
DAS EINSAME PSYCHOWRACK	Depressiv-Aggressiv	Knibbelt den Putz von den Wänden	"Lass mich in Ruhe."	Postbotin
MR. NEUNMALKLUG	Intensiv-Negativ	Rümpft über alle anderen die Nase	"Deine unerschöpfliche Dummheit versetzt mich jedesmal in Erstaunen."	Kritiker
DIE RAMPENLICHTSÜCHTIGE	Manisch-Kreativ	Heulen, Quietschen, in Ohnmacht fallen, hysterisch lachen, brüten	"Seht mal her! Seht mal her! Ihr sollt HERSCHAUEN!"	Schauspielerin
DER BLASSFISCH	Keine	Keine	Keine	EDV-Sachbearbeiter

BUCHBESPRECHUNGEN LEICHT GEMACHT

Geprüft von Bart Simpson ★ Nicht wissen macht nix
FÜNF-MALIGER GEWINNER DES VOM BUNDESVERBAND DER LEHRER VERLIEHENEN "GROSSEN PREIS FÜR LERNFAULE"

> FÜR ALLE BEDAUERNSWERTEN TROTTEL, DIE NOCH NICHT DIE KUNST BEHERRSCHEN, SICH GANZ DAVOR ZU DRÜCKEN.

Anmerkungen am Rand:
- Schleime Dich mit einem geschickt gewählten Spitznamen bei Deinem Lehrer ein
- Kleine Kunstwerke am Rand bringen Extra-Punkte
- Schreib über ein Buch, das es gar nicht gibt, damit niemand Deine Angaben überprüfen kann.
- Erwähne, wie unglaublich dick das Buch war – Lehrer lassen sich damit immer beeindrucken.
- Immer schön auf die Rechtschreibung achten.
- Rücke Deine Lehrer immer in ein vorteilhaftes Licht.
- Benutze die Macht der Suggestion.
- Zeige Dich einsichtsvoll.

---

von Bartholomew "J" für ein Jammer, daß ich nicht noch mehr Bücher lesen darf" Simpson

BUCHBESPRECHUNG

Der Titel des Buches, auf dem diese Arbeit basiert, lautet "Die Buchbesprechung". Es war 638 Seiten lang oder 5 3/4 Zentimeter DICK. Es geht darin um dieses Kind, das eine Buchbesprechung schreiben sollte, aber keine Ahnung hatte, wie man das überhaupt macht und vor allem stin-ke-faul war, also hat es sich ein Buch ausgedacht, das es gar nicht ~~GIBT~~ gibt, damit der Lehrer es nicht kennt und mit anderen Besprechungen vergleichen kann. Dann hat sich das Kind einfach irgendwas ausgedacht. Die Geschichte hat ein tolles ~~Ende~~. Der Lehrer gab dem Kind eine 1+ für seinen Einfallsreichtum.

Ich konnte mich mit dem Helden prima identifizieren, weil er nämlich total echt wirkte.

(Lügen) (Das Kind) (Gut gemacht 1+) (Lehrerin)

☆ Denk dran: Breite Ränder machen das Leben leichter.

BUCHBESPRECHUNGEN FÜR ECHTE KÖNNER!

Wir übernehmen keinerlei Haftung für eventuelle Schäden oder rechtliche Folgen, die aus der Anwendung der nachfolgenden Strategien entstehen könnten. Nur staatlich geprüfte professionelle Schulversager sollten folgende Tips ausprobieren!

- Täusche eine Krankheit vor, die schwer genug ist, um Dich vom Schreiben drücken zu können

- Verhandle – biete an, den Klassen-Hamsterkäfig sauberzumachen, statt eine Buchbesprechung zu schreiben

- Verschaffe Dir ein Bibliotheksverbot

- Zettle eine Klassenzimmer-Revolte an

- Bewirke eine einstweilige Verfügungsklage gegen Deinen Lehrer

- Werde "blind"

- Täusche vor, einer Religion beigetreten zu sein, die jede Art von Lesen verbietet

---

Wenn Du schnell einen Lückenfüller brauchst, schreib eine Empfehlung.

Ich würde dieses Buch wirklich jedem empfehlen, aber wahrscheinlich ist es für die meisten Grundschüler und sogar für ältere Schüler viel zu intellektuell.

Betone, wie anspruchsvoll das Buch war.

Benutze reichlich grossspurige Worte.

In der Gesamtbetrachtung würde ich sagen, daß das Buch echt klasse war! Ich habe daraus eine der wichtigsten Lektionen fürs Leben gelernt: Wenn Du schummelst, dann schummele richtig!

Verzichte nie auf moralische Erkenntnisse.

Bereite ein grosses Finale vor.

Verantwortungsvolle Einsichten zahlen sich fast immer aus!

Abschließend möchte ich noch erwähnen, daß, wenn mehr Leute zu Hause bleiben und lesen würden, die Verbrechensrate um 56% zurückgehen würde.

Wann immer es geht, benutze Statistiken.

Danke für Ihre Aufmerksamkeit.

Sei dankbar. Lehrer glauben gerne, dass Du zu schätzen weisst, was sie Dir antun.

Und noch einen wunderschönen Tag!

Setze einen positiven Schlusspunkt.

Ein Hund kommt auch drin vor ↑

☆ Extra-Tip: Benutze doppelten Wortabstand für eine maximale Wirkung! (Hier nicht vorgeführt.)

PEINLICHE FRAGEN

AN DEINEN LEHRER

Bart's trickreiche Tips zum...

Spicken

Uh-oh! Ein unangekündigter Test springt Dir urplötzlich ins Gesicht? Dir fällt auf einmal wieder ein, dass die gefürchtete Geschichtsarbeit HEUTE ansteht? Hat sich Deine Teilnahmslosigkeit plötzlich in panische Angst verwandelt? Fürchte Dich nicht! Befolge einfach meine leicht anwendbaren trickreichen Tips zum Spicken und Deine Ängste werden sich in Nichts auflösen. Lass Dir das von 'nem echten Profi sagen, Mann: Gute Abgucker werden nicht geboren, sie werden gemacht. Mit diesen Techniken verwandeln sich Deine Sechser im Handumdrehen in Dreier! Aber falls Dich jemand fragt – von mir hast Du das nicht, Mann!

TIP: UNTER UMSTÄNDEN KANN ES EINFACHER SEIN, RICHTIG ZU LERNEN, ALS DIESE REGELN ZU BEFOLGEN.

Der Sitzplatz

Wie beim Grundstückskauf kommt es auch hier besonders auf eins an: Das richtige Plätzchen. NIEMALS in der Nähe des Lehrers sitzen! Das dürfte wohl klar sein. Doch hier noch ein paar Feinheiten: Nutze die natürliche Deckung aus – setz' Dich hinter jemanden mit möglichst abstehenden Haaren. Halt' Dich von Schülern fern, die selbst als Abschreiber bekannt sind. Versuch' immer neben schlauen Mitschüler zu sitzen – oder wenigstens neben einem coolen Zeitgenossen, dem es nichts ausmacht, wenn Du abschreibst. Arbeite mit anderen zusammen – erleichtert das Abgucken und im Notfall kannst Du immer noch den anderen die Schuld geben.

Zeichensprache

Die Signale vorher unbedingt mit einem Komplizen absprechen. Sie werden Euch bei Ankreuz-Tests immer wieder unschätzbare Dienste erweisen!
RICHTIG oder FALSCH: Mit den Fingern der einen Hand die Nummer der Frage signalisieren, der Stift in der anderen Hand zeigt "Richtig" (nach oben deuten) oder "Falsch" (zur Seite deuten) an.
MEHRFACHANTWORTEN: Halte den Stift gerade nach oben für A, mit der Spitze nach rechts für B, gerade nach unten für C, nach links für D und zerbrich den Stift und vergrabe Dein Gesicht in den Händen, wenn Du merkst, das keiner von Euch die Antwort weiss.

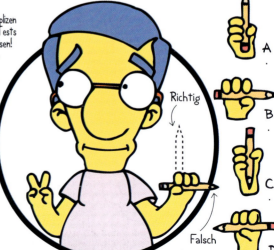

Im Alleingang

Alle anderen lassen Dich im Stich? Schon okay. Hier ein paar Tricks, die Deinen Hintern retten können.

Kritzel-Notiz

Unzahlbar wenn Du die Zeit dafür hast. Schnapp Dir vor der Klassenarbeit Dein Lehrbuch (oder einen gut vorbereiteten Freund), hock Dich hin und trage alle Informationen zusammen, die Du vielleicht brauchen könntest. Dann schreib sie auf Deine Schuhe, Handgelenke, Unterarme, Schirmmützen, Radiergummis, Unterhemden, Socken, Hosenbeine etc.

Spickzettel

Gehorchen dem selben Prinzip wie Kritzel-Notizen, aber diesmal schreibst Du alles auf einen kleinen Zettel und versteckst ihn in Deinem Ärmel oder unter Deiner Armbanduhr oder überall, wo Du ihn unauffällig lesen kannst.

Der Bleistift-Beuger

Lass einfach Deinen Bleistift fallen und spick auf die Hefte der anderen, während Du Dich bückst, um ihn aufzuheben.

Der Ausflug zum Anspitzer

Benutze diese wertvolle Gelegenheit, um alles abzupicken, was die Weichbirnen an Deinen Nachbartischen nicht wussten.

Ein paar professionelle Tips

Such Dir kluge Freunde

•

Besteche sie

•

Fordere jeden Gefallen wieder ein

•

In der Nacht vor der Arbeit ausreichend Schlafen – ein steifer Nacken könnte alles ruinieren

•

Übe Schielen

•

Bleibe unauffällig

•

Werde nicht nervös

•

Unschuldig aussehen

•

Sei still

•

Nicht winden und herumrutschen

•

Gucke immer nachdenklich

•

Errege keine Aufmerksamkeit

•

Nicht umherschauen

•

Immer den Lehrer im Auge behalten

•

Tu so, als ob Du den Stoff beherrschst

•

Lass Dich nicht erwischen

•

Wenn doch, lass meinen Namen aus dem Spiel

WICHTIGER HINWEIS: Diese Ratschläge dienen einzig und allein der Unterhaltung unserer Leser. Wir distanzieren uns von allen Versuchen, die Gesetze des Klassenzimmers zu brechen. Trotzdem viel Glück.

Essen

TISCHMANIEREN

Wir alle wissen, wie wichtig gutes Benehmen bei Tisch ist. Trotzdem sind vielleicht noch einige unter euch Lesern unsicher, wenn es um die kleinen Details geht, an denen man wirklich gute Tischsitten erkennt. Doch verzagt nicht, meine schlecht erzogenen Freunde; hier findet ihr einige einfache Grundregeln, die euch durch jede Gelegenheit gesitteter Nahrungsaufnahme geleiten.

ELLBOGEN AUF DEM TISCH
Eindeutig erlaubt. Strenggenommen gilt es hierzulande sogar als höchst unhöflich, wenn die Ellbogen während des Essens den Kontakt zur Tischplatte verlieren.

WEITERREICHEN
Jeder weiss, dass die kürzeste Verbindung zwischen zwei Punkten eine gerade Linie ist. Ich empfehle den direkten Wurfpass. Wenn man den Mund des beabsichtigten Empfängers trifft, gibt's Extrapunkte (Nicht zu empfehlen bei heissem Fett).

DIE RICHTIGE VERWENDUNG DES BESTECKS
Dann und wann kann es durchaus nützlich sein, Besteck zu verwenden. Stell Dir beispielsweise vor, Deine Schwester versucht ein Kuchenteilchen von Deinem Teller abzugreifen: Hier kommt eine Gabel gerade recht. Ausserdem lassen sich Löffel hervorragend als Katapult benutzen. Und, nicht vergessen: Mit Steakmessern kann man nach dem Essen prima in den Zähnen pulen.

Willst Du noch immer den Sinn des Lebens ergründen? Blättere auf Seite 62...

KAUEN

Viele von Euch haben sich vielleicht schon gefragt: "Soll ich mit offenem oder geschlossenem Mund kauen?" Nun, das ist eine Frage, mit der sich die Menschheit schon seit Jahrmillionen herumquält. Alles was ich dazu sagen kann ist: Es gibt Rätsel in diesem Universum, auf die wir wohl nie 'ne Antwort finden werden. Und vielleicht ist das auch ganz gut so, Mann.

NACHSCHLAG

Das Ziel hierbei ist, zu verhindern, dass Deine Geschwister irgend etwas abkriegen. Wenn Du das Kauen auf ein Minimum reduzierst und alles mit 'ner Ladung Cola runterspülst, kannst Du etwa 3 bis 4 Mal so viel Nahrung verdauen, wie ein normaler Mensch in derselben Zeit. Also, schaufel es Dir rein, Mann.

KLEIDUNG

Für alltägliche Anlässe ist ein Schlabberlatz völlig ausreichend. Feierliche Anlässe unterliegen allerdings einem gewissen Kleidungszwang. Und für Geburtstagspartys ist es NICHT erforderlich, einen dieser albernen Hüte aufzusetzen, also lass Dir nichts anderes erzählen.

ESSEN MIT DEN FINGERN

Bestimme Speisen sollten NIEMALS mit den Fingern gegessen werden. Dazu gehört im wesentlichen alles, was Du mit einem Strohhalm aufsaugen kannst. Unter anderem: Pudding, Müsli, Reis, Eintopf, Mischgemüse und Götterspeise. Trotz aller Bemühungen haben es unsere Experten allerdings nicht geschafft, Fleisch durch einen Strohhalm zu saugen. Das wirst Du also mit den Fingern essen müssen.

SUPPE SCHLÜRFEN

In unserer Gesellschaft gilt es als äusserst höflich, jede Speise, die in flüssiger Form serviert wird, zu schlürfen. Je lauter das Schlürfen, desto grösser das Kompliment für Deinen Gastgeber oder Deine Gastgeberin.

SPRECHEN MIT VOLLEM MUND

Wenn Du mit vollem Mund etwas sagen möchtest, solltest Du immer darauf achten, das Du etwas Unterhaltsames zum Besten gibst (siehe auch "Tischgespräche") und dass die anderen Gäste Dich verstehen können.

ÜBERSETZUNG::

* MEIN KIEFER KLEMMT!!!
** MIT VOLLEM MUND SPRICHT MAN NICHT!

TISCHGESPRÄCHE

Stell die Ansichten Deiner Eltern über Geld, Moral und Politik in Frage. Es gibt nichts Komischeres als zuzusehen, wie ein Erziehungsberechtigter gleichzeitig versucht, zu schlucken und zu schnauzen.

DAS BART SIMPSON ERNÄHRUNGSINSTITUT PRÄSENTIERT
Die Vier Hauptnahrungsgruppen

Du bist, was Du ißt, Mann: Also immer schön auf die richtige Ernährung achten. Diese praktische kleine Übersicht listet alle Lebensmittel auf, mit denen Du Dir genau so einen kräftigen und gesunden Prachtkörper heranzüchten kannst, wie meinen.

(Vielleicht ist Dir schon aufgefallen, daß ein paar dieser unverzichtbaren Nahrungsmittel nicht so richtig in die vier Hauptgruppen passen, aber da wir denken, daß sie über einen lebenswichtigen Nährwert verfügen, haben wir ihnen eigene Untergruppen zugeteilt.)

DIE KLEBRIGE GRUPPE
- Rote Lakritze
- Schwarze Lakrize
- Karamel-Beisser
- Kaugummi
- Puffreis
- Dauerlutscher
- Paradiesäpfel

SCHWABBLIG-KLEBRIG Zuckerwatte

DIE SCHWABBLIGE GRUPPE
- Zitronen-Wackelpudding
- Orangen-Wackelpudding
- Roter Wackelpudding
- Gelber Wackelpudding
- Wackelpudding mit Früchten
- Gefrorener Wackelpudding (so 'ne Art vornehmes Eis)

KLEBRIG-SCHMIERIG Geröstete Marshmellows

KLEBRIG-FLOCKIG Milchschnitten

FLOCKIG-SCHWABBLIG Mousse au Chocolate

SCHMIERIG-FLOCKIG Schokoküsse

DIE SCHMIERIGE GRUPPE
- Schokoladenfondue
- Trauben Squishees
- Schoko-Shakes
- Fruchteis
- Sahneeis
- Eis am Stiel
- Geschmolzene Marshmallows
- Eiscreme-Schnitten

DIE FLOCKIGE GRUPPE
- Rohe Marshmellows
- Popcorn
- Sahneschnittchen
- Rührkuchen
- Geburtstagskuchen
- Käsekuchen
- Schlagsahne
- Schaumwaffeln
- Mäusespeck

SCHMIERIG-FLOCKIG Tartuffo

GESPONSERT VOM DEUTSCHEN BONBON-BUND UND DEM INTERESSEN-VERBAND DER ZUCKER-VERARBEITENDEN INDUSTRIE

Um sicherzugehen, dass Du Deinen täglichen Bedarf an Vitaminen und Mineralstoffen deckst, solltest Du mindestens dreimal täglich wenigstens ein Produkt aus jeder Nahrungsgruppe zu Dir nehmen. Auch das Naschen zwischen den Mahlzeiten ist aus ernährungswissenschaftlicher Sicht empfehlenswert.

DIE PYRAMIDALE TAUSCHTABELLE

Yo, Kids! Ihr seid Euch nicht sicher, was der Inhalt Eurer Butterbrotdose auf dem freien Markt wert ist? Seid Ihr einmal zuviel hungrig und mit leeren Händen auf dem Schulhof zurückgeblieben? Dann schneidet Euch diese praktische Tauschtabelle aus und niemand wird Euch mehr ablederb können, Mann!

EBENE A
1. Dreifache Portion Schoko-Eis

EBENE B
2. Doppelte Portion Schoko-Eis
3. Schoko-Eis

EBENE C
4. Donut mit Schoko-Glasur
5. Schoko-Törtchen
6. Schokopudding

EBENE D
7. Donut ohne Schokoglasur
8. Nus-Nougat-Riegel
9. Fruchtzwerge
10. Extra-Salziger Mäusespeck

EBENE E
11. Gepökelte Schweine-Crunchies
12. Eingelegtes Ei
13. Gewürzbrot-Sandwich
14. Extrareife Banane
15. Extra-Chili-scharfer Mäusespeck

EBENE F
16. Tofu-Schnitten
17. Dattelkompott
18. Süsskartoffel-Kompott
19. Sojamilch (mit Traubengeschmack)
20. Pflaumenmus
21. Ungesalzener Mäusespeck

EBENE G
22. Thunfischbrötchen
23. Mayonnaise-Sandwich
24. Nierchen
25. Eine Dose Heringe in Tomatensosse
26. Essiggurken
27. Sojamilch (ohne Geschmackszusatz)
28. Trockenes Brot

EBENE H
29. Makkaroni mit Schweineschmalz
30. Tofu Con Carne
31. Magerquark
32. Schmelzkäse
33. Limburgerkroketten
34. Diät-Reiscracker
35. Belegtes Brot mit Zunge
36. Wiener Schnitzel

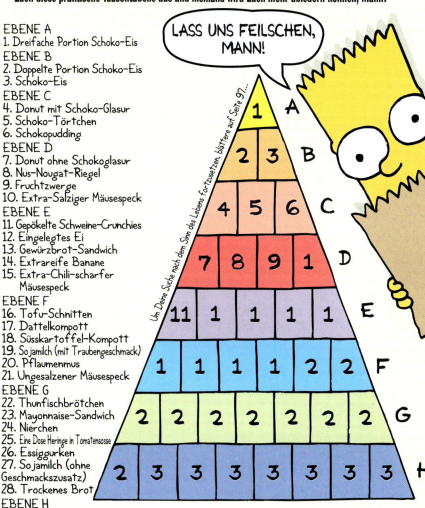

LASS UNS FEILSCHEN, MANN!

Um Deine Suche nach dem Sinn des Lebens fortzusetzen, blättere auf Seite 97...

Jedes Produkt ist 2 Produkte aus der Ebene darunter wert. Beispiel: 2 Produkte aus EBENE E (1 eingelegtes Ei + 1 Gewürzbrot-Sandwich) entspricht dem Tauschwert von einem Produkt der EBENE D (1 Donut ohne Schokoglasur)

Mehr Spaß beim Essen!

DAS EKEL-SPIEL

Vergleiche das, was andere Leute auf dem Teller haben mit ekligen Sachen.

BEISPIELE:

- Milchreis = Matschmaden
- Spaghetti = Blutwürmer
- Weichgekochte Eier = Hühnerembryos
- Thunfischauflauf = Katzenkotze
- Schweinewürstchen = Gedärm
- Leber = Leber
- Nierchen = Nierchen

Jetzt weisst Du wie's geht, Mann.

Auch mit kleinen Geschichten über Operationen, offene Splitterbrüche, entstellende Unfälle, Serienkiller, die Freundinnen Deines älteren Bruders, das Gebiss Deiner Grossmutter, das Katzenklo, Maden, Würmer, vergammelte Eier, Popel, schleimigen Auswurf, Achselschweiss und andere Wunder der Natur schaffst Du es immer wieder, die bedauernswerten Deppen um Dich herum vom Aufessen abzuhalten.

Körpergeräusche jeder Art machen Spass und sind sehr unterhaltsam. Versucht einige oder alle davon:

Drücke ein schleimiges Geräusch aus Nase und Rachen nach oben.

Tu, als ob Du kotzt.

Spiel "Hänschen klein" mit Deinen Achselhöhlen.

Gib Erstickungsgeräusche von Dir.

An den erbärmlichen Schmarotzer, der dieses Buch gemopst hat (ich weiss, wer Du bist!): Du kannst Dich schon mal von Deinem Hintern verabschieden, Mann!

ESSENS-STRATEGIEN

Sitzt Du immer am falschen Ende vom Tisch? Sind die guten Sachen immer schon weg, ehe sie bei Dir angekommen sind? Musst Du Dich mit Rosenkohl und Brokkoli abspeisen lassen, ohne genug Sosse für Deinen Kartoffelbrei abbekommen zu haben? Dann wird es Zeit, ein paar gezielte Methoden anzuwenden, um die Leckereien auf und den Frass von Deinem Teller runter zu kriegen, Mann! Versuchs mal hiermit: UM AN ESSEN RANZUKOMMEN:

SCHMEICHELEIEN – Mit Komplimenten kannst Du fast jeden kalt erwischen. Versuch mal etwas in der Art: "Hey, Kumpel, Du siehst ja ziemlich durchtrainiert aus. Macht's Dir was aus, mir mit diesen Wahnsinns-Muckis mal die letzte Kartoffel rüberzureichen?" oder "Wow, Omi, Deine Zähne sehn heute Abend so echt aus! Lächel mich mit Deinen perlweissen Beisserchen doch noch mal an, während Du mir die Sossenschüssel reichst!"

BESTECHUNG – Verzweifelte Situationen erfordern verzweifelte Massnahmen. Versuch mal etwas wie: "Hey Lisa, ich geb' Dir mein Skateboard für das letzte Schweinekotelett", und dann flüsterst Du unhörbar, "(im Jahr 2014)." Diesen Teil kannst Du ihr ja nach dem Essen erzählen.

HIER! GREIF ZU!!!

UM ESSEN LOSZUWERDEN:

ABLENKUNGSMANÖVER – Verschütte "versehentlich" Deine Milch. Während Du die Pfütze aufwischst, lässt Du Deine Erbsen einfach in Deine Papierserviette gleiten und wirfst sie dann in den Müll. Oder Du siehst aus dem Fenster und rufst plötzlich: "Wow! Seht Euch mal diese riesen Schnecke am Fenster an!" Während alle anderen hinsehen, schiebst Du schnell Deinen Blumenkohl auf den Teller Deines kleinen Bruders. Und wenn sie Dich dann fragend ansehen, sagst Du einfach: "Ihr habt sie wohl verpasst. Sie war grün und haarig, aber ich schätze, sie war wohl zu schnell für Euch."

TISCHGEBETE – Eine günstige Gelegenheit, um ekliges Zeug vom Teller zu kriegen. Während alle anderen andächtig mit geschlossenen Augen dasitzen, schiebst Du einfach das Essen vom Teller in Deinen Schoss. Ebenfalls hervorragend geeignet, um alle möglichen Leckereien in Deinen Besitz zu bringen.

HAUSTIERE – Hunde fressen normalerweise alles, was auf den Tisch kommt. Wenn Du es schaffst, etwas davon in Deinen Schoss zu schmuggeln, sollte es kein Problem mehr sein, es von da aus in die Schnauze des Hundes zu befördern. Falls Euer Haustier wählerisch ist, wickelst Du unappetitliche Dinge wie Spinat einfach in ein Stückchen Fleisch.

SPIELE

"TEILEN" (ein appetitlicher Spass für Jung und alt) – Stopf Deinen Mund voll mit Essen und zerkau es ohne zu schlucken. Dann frag Deine Schwester in grosszügigem Tonfall, ob sie etwas von Dir abhaben möchte. Wenn sie, verblüfft über Deine plötzliche Grosszügigkeit zustimmt, öffnest Du Deinen Mund und rufst "Hier! Greif zu!!!" Ein garantierter Lacherfolg.

ZEIG, WAS DU HAST – Zerkaue einen Mundvoll Essen und zeig es Deinem Bruder oder Deiner Schwester. Dann bring sie dazu, dasselbe für Dich zu machen. Wer zuerst von den Eltern erwischt wird, hat verloren.

ESSEN ALS KUNST – Einiges, was auf Deinem Teller landet, schreit geradezu danach, zu einer Skulptur verarbeitet zu werden. Kartoffelbrei (gemischt mit jedem beliebigen Nahrungsmittel) ist das perfekte Medium, aber auch Eiscreme, Hafergrütze und Wackelpudding sind sehr gut dafür geeignet. Findet heraus, wer den höchsten Turm zusammenschieben kann. Denk daran: Kunst kennt keine Grenzen.

DAS SINGENDE WEINGLAS (Wassergläser tun's auch) – Ein echt cooler Spass. Mach Deinen Finger feucht und lass ihn über den Rand eines Kristallglases gleiten – ein musikalischer Hochgenuss. Der Ton wird höher oder tiefer, je nachdem, wieviel Flüssigkeit in dem Glas ist. Lass alle am Tisch mitspielen, und Du wirst eine wahre Symphonie dirigieren.

DER FEUERSCHLÜCKER – Schütte heimlich extra-scharfe Tabasco-Sosse in das Wasserglas Deines Tischnachbarn. Mal seh'n, ob er's merkt.

VOLLE DECKUNG – Essens-Katapulte machen Spass und sind schnell gemacht. Ein Löffel und etwas Essen sind immer in Griffweite. Probier aus, wie weit Du das Essen schleudern kannst... Du wirst überrascht sein!

BART!!!

DIE 12 LECKERSTEN FRÜHSTÜCKSFLOCKEN ALLER ZEITEN

1. MR. TEENY'S GELEEGRANATEN
2. GEZUCKERTE KRUSTY-FLAKES
3. EXTRA-GEZUCKERTE KRUSTY-FLAKES
4. EXTRA-GEZUCKERTE KRUSTY-FLAKES IM SCHOKOLADEN-MANTEL
5. DR. ALWINS ERDBEER-RINGEL
6. "WOW! NUR-ZUCKER"-BOMBER
7. KRUSTY'S KANDIS-KLUMPEN
8. PLUTONIOS (DIE FLAKES, DIE IM DUNKELN LEUCHTEN)
9. SIDESHOW MEL'S FRUCHT-WUMMEN
10. KRUSTY'S KARAMEL-KRACHER
11. FALLOUT BOY'S GLUKOSE-FROSTIES
12. WURZELBRECHER!

FUTTER-

Roher Schinken taugt prima als Gesichtsmaske.

Spargel färbt Deinen Pipi-strahl knallgelb.

Erdnüsse und Mandeln sind keine Nüsse. Eine Erdnuss ist ein Hülsengemüse und eine Mandel eine Frucht.

Manche Hühner legen gurkenförmige Eier.

Grüne Mentholbonbons schlagen Funken, wenn Du sie im Dunkeln zerbeisst.

In Inka-Gräbern hat man gefriergetrocknete Kartoffeln gefunden, die noch essbar sind.

Tomaten stammen aus Peru.

Ein Straussenei macht 24 Leute satt.

FAKTEN

Wissenswertes!

Ein Pfund Käsekuchen ist genau so schwer wie ein Pfund Leber.

Kaugummi enthält wirklich Gummi.

Im alten Ägypten wurden Zwiebeln so verehrt, dass eine bestimmte Sorte sogar als Gottheit angebetet wurde.

WIR PREISEN DICH, OH ZWIEBELGOTT!

In China ist der Pfirsich ein Symbol für Unsterblichkeit.

Marrar, ein rohes Fleischgericht aus dem südlichen Sudan, enthält Urin und Galle als Geschmacksverstärker.

Die Türkei hat den grössten Pro-Kopf-Verbrauch an Frühstücksflocken.

MJÜMM!

Cola macht Geldstücke sauber! Wirf einen schmudeligen Pfennig in ein Glas Cola und beobachte, wie er wieder blitzblank wird!

Im alten England waren Gewürznelken kostbarer als ihr Gewicht.

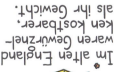

DIE 12 FIESESTEN FRÜHSTÜCKSFLOCKEN

1. HEU-HÄPPCHEN
2. SCHEUNEN-HUBER'S TÜRSTOPPER
3. RUSSNAGEL-FROSTIES
4. BIO-BERND'S KÖRNER-KLEE
5. KÄFER-KÖDDEL
6. VANILLE-SÄGESPÄNE
7. MAGERQUARK-BIZZIES
8. HOSTIEN-CRACKER
9. ÖKO-OSCHIS
10. VOLLKORN-ALPHABET-CRACKER (KYRILLISCH)
11. NICHTS-DRAN-HÄPPCHEN (LIGHT)
12. SIDESHOW BOB'S FRÜHSTÜCKS-EMPFEHLUNG

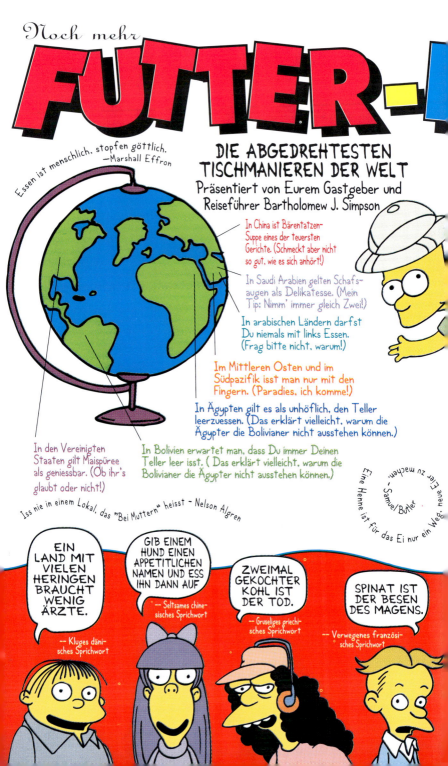

FAKTEN!

ACHTUNG!

Hinter den folgenden harmlosen und sogar appetitlichen Bezeichnungen verbergen sich unangenehme Überraschungen! Lass Dich nicht durch die verführerischen Spitznamen dieser Speisen hinter's Licht führen!

NAME DES GERICHTS	WAS SICH DAHINTER VERBIRGT
Kutteln	Geraspelter Ochsenmagen
Bries	Kalbspansen
Gekröse	Innereien
Consommé de rate	Milz
Pressack	Hirn und Haxe vom Schwein, abgelagert und in Sülze gekocht
Haschee	Lunge
Prärieaustern	Pferde- oder Bullenhoden

Erst kommt das Fressen, dann die Moral - Berthold Brecht

ESSEN SOLLST DU SCHWEIGSAM, DAMIT SICH NICHT DIE LUFTRÖHRE VOR DEM SCHLUNDE ÖFFNE UND DU NICHT GEFÄHRDEST DEIN LEBEN.
-- Der Talmud

EINE MAHLZEIT OHNE GASTFREUNDSCHAFT IST WIE SCHLECHTE MEDIZIN.
-- Zynisches tamilisches Sprichwort

IN SECHSUNDDREISSIG GERICHTEN STECKEN ZWEIUNDSIEBZIG KRANKHEITEN
-- Pessimistisches Punjabi-Sprichwort

WER EIER HABEN WILL, MUSS AUCH DAS GACKERN DER HÜHNER ERTRAGEN
-- Kurioses holländisches Sprichwort

GOTT SCHICKT DAS FLEISCH, DER TEUFEL DIE KÖCHE.
-- Verbittertes englisches Sprichwort

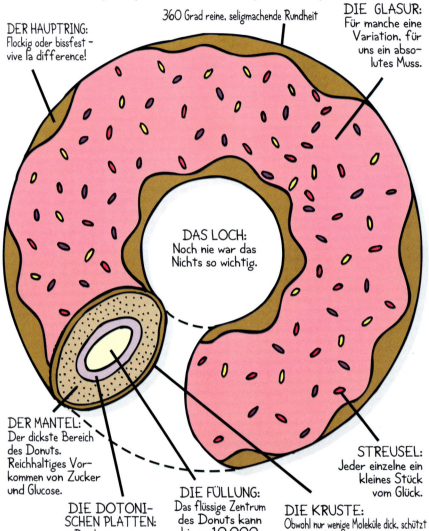

Homers **DÜNN-DURCH-DONUTS**-Diät

SONNTAG
Doppelt-Doppelte Schokoglasur mit Schokolade: Denn der Gottesdienst beginnt schon Zuhause.

MONTAG
Klassisch-pur: für einen gesunden Start in die Woche.

DIENSTAG
Hauchfeine Nuklear-Streusel: Die Woche geht strahlend weiter!

MITTWOCH
Der Ersatzreifen: Überzogen mit Lakritz... für den Gaumen des Kenners

DONNERSTAG
Mit rosa Überzug: So süss kann Zucker sein.

FREITAG
B.U.N.T.: Gott sei Dank. Das Ende des grauen Alltags naht.

SAMSTAG
Fruktose-Dextrose-Glukose: Energie für's arbeitsfreie Wochenende

DER BESTE FREUND DES MENSCHEN.

ICH HAB' EUCH ZUM FRESSEN GERN.

Wissenswertes Über Donuts

Echte Donuts werden ausschliesslich in tierischen Fetten frittiert. Lasst euch nichts anderes andrehen!

Ein Schokoladen-Donut enthält mehr Kalorien als ein Schokoladen-Ei.

Ein Donut enthält weniger als 1% des Tagesbedarfs an irgendwas.

Donuts in den Kaffee zu dippen gilt in vielen Ländern als gutes Benehmen

Irgendwo auf der Welt isst immer irgendwer einen Donut.

Das "N" in "Donut" ist die Kurzform von "Neinnn!"

Gesundheit & Fitness

Die Geheimnisse des mensc[hlichen Körpers]

Erklärt von Dr. med. Bartholomew Simpson

DER MENSCHLICHE KÖRPER IST WUNDERSCHÖN. ABER DIESE SCHÖNHEIT IST REINE FASSADE, MANN. UNTER DER OBERFLÄCHE LAUERT EINE ABSTOSSENDE UND ERSCHRECKENDE WELT AUS GEDÄRM, SCHLEIM UND DRÜSENKRANKHEITEN. ICH ZEIGE EUCH NUN DEN MENSCHLICHEN KÖRPER IN ALL SEINER ENTSETZLICHEN PRACHT...

Du kannst es wirklich nicht mehr abwarten, den Sinn des Lebens zu ergründen? Blättere auf Seite 51.

BONUS-WISSEN: KAPRIOLEN DES KÖRPERS!

💀 Der menschliche Körper besitzt 3.000.000 Schweissdrüsen.

💀 Die Haut wiegt zwischen 3 und 5 Kilo. Falsch ausgebreitet würde sie eine Fläche von ca. 3 Quadratmetern bedecken. Normalerweise von gesunder gelber Färbung, ist die Haut das grösste Organ des Körpers.

💀 Der richtige wissenschaftliche Name für den Musikknochen ist Humerus.

💀 Die längsten Haare aller Zeiten schleppte der indische Mönch Swami Pandarasannadhi mit sich herum. Sie waren fast 8 Meter lang.

💀 Der menschliche Körper besteht zu 2/3 aus Wasser.

💀 Der durchschnittliche Zeitgenosse atmet in seinem Leben etwa 5 Millionen Kubikmeter Luft ein.

💀 Schon eine halbe Niere kann die ganze Arbeit von zwei Nieren leisten!

💀 Wenn wir niesen, fegt die Luft mit bis zu 160 Stundenkilometer aus der Nase.

💀 Wissenschaftler haben festgestellt, dass der Blinddarm eine wichtige Rolle für das Wohlbefinden des gesamten Organismus spielt. Seine Entfernung kann den Tod zur Folge haben.

💀 Wenn Du Dir Deine Weisheitszähne ziehen lässt, wirst Du ein sabbernder Idiot.

DAS HAAR ENTRÄTSELT

So sieht Dein Haar im Querschnitt aus, bei

| Glatten Haaren | Lockigen Haaren | Krausen Haaren | Dauerwelle |

...hlichen Körpers

"ICH KANN NICHTS DAFÜR, DASS ICH SO SCHÖN BIN, MANN."

- Denkapparat
- Das innere Kind
- Milchzähne
- Adamskostüm
- Musikknochen
- Griffel
- Rippen
- Noch mehr Rippen
- Wohlstandsspeck
- Darm
- Leberflecken
- Schweissfüsse
- Kräftiger Schläfenknochen (Ein eindeutiges Zeichen für überlegene Intelligenz)
- Schnodderella
- Adamsapfel
- Pumpe
- Geruchszentrum
- Wünschelknochen
- Luftbeutel
- Essensgraben
- Langerhansche Insel
- Abfluss
- Achillesferse
- Die vier kleinen Schweinchen

Was Deine Fingerabdrücke über Deinen Charakter verraten:

Der Wirbel	Die Kurve	Die Doppelkurve	Der Bogen	Der Bart Simpson
Zappelig	Launisch	Unentschlossen	Doof	Verbrechergenie

Dr. Bart's Wundermittel

WENN SIE WIRKEN, IST ES EIN WUNDER!

SCHLUCKAUF

1. Steck Dir Deinen Ellbogen in den Mund und laß ihn für 30 Minuten drinnen.

2. Halt die Luft an und trink einen halben Liter Wasser, ohne dabei Luft zu holen.

3. Stülpe Deine Hosentaschen um.

4. Wenn das nicht hilft, stülpe die Hosentaschen von jemand anderem um.

5. Stülpe Dir einen Papierkorb über den Kopf und laß jemanden das Schlagzeugsolo aus "Born in the USA" darauf spielen.

6. Iß einen Löffel mit Zucker.

7. Lass Dir von jemanden mit dem Skateboard über die Zehen fahren.

8. Stell Dich in einer Nasenlänge Entfernung vor eine Person, die Du nicht leiden kannst und starre ihm oder ihr 15 Minuten lang in die Augen.

9. Steck Dir Eiswürfel in die Schuhe und gehe damit 36 Schritte rückwärts.

10. Denk an drei glatzköpfige Männer

11. Stecke eine Handvoll Fruchtwürmer in einen Sack und binde ihn Dir um den Hals.

12. Mach einen Kopfstand.

13. Beschuldige jemanden für etwas, dass er oder sie nicht getan hat.

14. Atme in eine Papiertüte.

15. Mach einen Bungee-Sprung

16. Streue Salz auf Deine Zunge.

17. Beiss Dir auf die Daumen und blase eine Minute lang kräftig drauf.

18. Schreibe 50 Mal "Ich darf keinen Schluckauf haben!" an die Tafel.

19. Pfeife im Dunkeln.

20. Iss 10 Schoko-Riegel. Wen interessiert es dann noch, ob Du einen Schluckauf hast?

SONNENBRAND
Reibe einen eiskalten Squishee auf die bettroffene Stelle. Vorher unbedingt den Deckel abnehmen!

Bei schweren Verbrennungen den ganzen Körper mit einer Salbe aus Blaubeercreme und Avocadopaste einschmieren. Mit Mini-Marshmallows einreiben.

WARZEN
Vergiss das alte Ammenmärchen, dass man von Fröschen Warzen bekommt. Tatsächlich helfen Frösche sogar dagegen. Um eine Warze loszuwerden, musst Du mindestens eine Stunde pro Tag einen Frosch liebkosen, streicheln und küssen. Nach mehreren Jahren, vielleicht sogar früher, sollte die Warze verschwunden sein.

HEUSCHNUPFEN
Lege eine gammlige Waffel auf Deinen Bauchnabel. Lass sie über Nacht einwirken.
WARNUNG: Solltest Du Dich in der Nacht auf Deinen Bauch rollen, könnte es am nächsten Morgen schwierig werden, wieder vom Bett loszukommen.

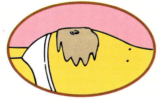

HUSTEN
Frösche helfen auch hervorragend gegen Hustenreiz. Um Husten loszuwerden, brauchst Du Dir nur einen lebendigen Frosch in den Mund stecken und ihn wieder herauslassen. Das Ganze dreimal wiederholen. Der Husten verschwindet dann. Möglicherweise.

Du kannst aber auch ein paar Becher Schoko-Eis und eine Handvoll Pfefferminzpastillen essen. Beides mit einer Flasche Whiskey runterspülen.

AKNE
Die Pickel mit einem gelben Textmarker übermalen.

Wenn das nicht hilft, eine braune Papiertüte über den Kopf ziehen.

LANGEWEILE
a. Vermeide für mindestens eine Woche jede Aktivität, die auch nur entfernt mit der Schule zu tun hat.

b. Der Körper sollte möglichst in eine liegende Haltung gebracht werden, am besten auf dem langen, bequemen Sofa im Wohnzimmer.

c. Intensives Comiclesen und das Zuführen grosser Mengen von Zeichentrickfilmen sind aus ärztlicher Sicht empfehlenswert. Diese Maßnahmen sind klinisch und führen zu einer raschen Besserung.

KIEFERKLEMME
Leider gibt es kein Heilmittel gegen die gefürchtete Kieferklemme. Allerdings ist Kieferklemme ein großartiges Heilmittel gegen Fettleibigkeit.

WENN ALLES NICHTS HILFT, SCHLUCK ZWEI ASPIRIN UND RUF MICH MORGEN NOCH MAL AN, MANN.

FÜR DIE ABENTEURER UNTER EUCH

1 Die menschliche Rosine
Bleib in der Wanne sitzen, solange Du es aushältst (wenigstens eine Stunde). Wenn Du dann heraussteigst, wird Deine Haut völlig verschrumpelt sein. Dann kannst Du Deinen jüngeren Geschwistern prima Angst einjagen, indem Du behauptest, Du hättest Dir in der Badewanne eine seltene, unheilbare und äusserst ansteckende Hautkrankheit geholt.

2. Badezimmer Tsunami
Erzeuge einen "Sturm auf hoher See", indem Du das Wasser um Dich herum aufwirbelst. Vergiss alle Hemmungen und werde Zeuge, wie Deine Spielzeugboote und Gummienten verzweifelt gegen die majestätische Gewalt von "Hurrikan Jim" oder "Taifun Bob" ankämpfen.

3. Die Reise zum Wannengrund
Tauche Deinen Kopf vollständig unter Wasser und probiere aus, wie lange Du die Luft anhalten kannst. Oder für die ganz Verwegenen: öffne die Augen unter Wasser (wenn es nicht zu seifig ist) und schau Dir an, wie es da unten aussieht – wenn Du den Mumm dazu hast!

4. Dein eigener Whirlpool
Wirf ein paar Sprudeltabletten in Dein Badewasser und schwelge im Hochgenuss Deines eigenen Luxus-Bades!

BADEN ODER DUSCHEN?

DAS BAD –
Vorteil: Das äusserst entspannende Gefühl, sich langsam und genüsslich einweichen zu lassen

Nachteil: Das äusserst beunruhigende Gefühl, wenn Dir langsam dämmert, das Du Dich im eigenen Dreck einweichen lässt.

DIE DUSCHE –
Vorteil: Wenn Du da drin singst, hört sich das verdammt gut an.

Nachteil: Wenn Du nach dem Duschen versuchst weiterzusingen, klingt es um so schlimmer.

Die ausgeflippte Welt der Schaumfrisuren

Der Hofnarr

Die Mutter

Das kleine Teufelche

Krustina, der Clown

Louis, der XIV.

Probier' einfach mal alles aus!

WARNUNG!
Folgende Dinge solltest Du auf keinen Fall mit in die Wanne nehmen:
- Bissige Schildkröten
- Instant-Pfannekuchen-Pulver
- Piranhas
- Schnellbinder-Zement

Angriff der BAKTERIEN

"DAS IS' SO GEMEIN! KEINER HAT UNS LIEB."

DIE SCHLECHTE SEITE
Bakterien werden übertragen durch: Speichel, Hautkontakt, und sogar durch Gegenstände wie Bücher, angebissene Butterbrote und geliehene Klamotten.

DIE GUTE SEITE
Man kann Bakterien oft loswerden, indem man sie einfach an jemanden "weitergibt", der es verdient hat.

Die "BAKTERIEN-KLATSCHE"

HOPSA!

VERPASS DEM OPFER EINEN KLATSCH, DANN VERSCHWINDE WIE EIN GEÖLTER BLITZ.

Sollte die Technik der "Baterien-Klatsche" nicht funktionieren oder kein Opfer in der Nähe sein, schlagen wir folgende Vorgehensweise vor, um Bakterien loszuwerden:

ERSTE HILFE

1. Reibe die infizierte Stelle unverzüglich mit Wasserstoffperoxyd und einem Brillenputztuch ein. Du wirst vielleicht eine anfängliche Rötung der Haut feststellen, aber das geht vorbei. Meistens.

2. Infizierte Stelle trocken halten.

3. Nicht daran kratzen. Egal, was passiert, Mann!

4. Wenn sich der Zustand nicht bessert, solltest Du Deinen Hausarzt oder einen Kammerjäger aufsuchen. Was Dir gerade passt.

UNSCHULDIGES OPFER

BAKTERIEN ENTRÄTSELT

ES RANKEN SICH VIELE MYTHEN UND SAGEN UM DIE BAKTERIEN. WAS UNS INTERESSIERT SIND ABER NUR DIE NACKTEN TATSACHEN:

1. Es gibt keinen wirkungsvollen Schutz vor Bakterien. Wahr. Trotzdem: Wachsamkeit und die Vermeidung von Körperkontakt (besonders zu Mädchen) können vorbeugen.

2. Bakterien haben einen geringen Intelligenzquotienten. Falsch. Wissenschaftlern ist es gelungen, Bakterien durch mikroskopisch kleine Reifen springen zu lassen.

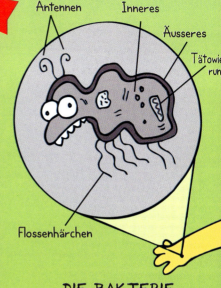

DIE BAKTERIE
(10,000,000 X vergrössert)

Antennen · Inneres · Äusseres · Tätowierung · Flossenhärchen

DER MISTELZWEIG –
Harmloses Zierwerk oder heimtückische Falle?

DIE GUTE SEITE:
Sobald Du in der Pupertät bist, bist Du nicht mehr anfällig für Bakterien.

DIE SCHLECHTE SEITE:
Sobald Du in der Pupertät bist, bist Du allerdings anfällig für Akne. Und für noch ganz andere Dinge...

OH BAAART!

GEFÄHRLICHE BAKTERIEN-SCHLEUDERN

HEY, MANN, GIB'S ZU! SELBST DU LEGST WERT AU
ANZIEHUNGSKRAFT. SCHON OKAY, DAS IST NUR M
GRÖSSTEN EXPERTEN AUF DIESEM GEBIET ENGAGIER
(UND GANZ IM VERTRAUEN GESAGT, DU KÖNNTEST GLEICH MAL LOS

Schönh

VON MARGE SIMPSON, der Göttin der Grazie

Um kleine Fältchen loszuwerden, trage Dir einmal pro Woche vor dem Schlafengehen eine Schönheitsmaske aus Joghurt auf. Denk dran: Vorher immer die Früchte nach oben rühren.

Mit einem selbstgemixten Make-up aus orangener Speisefarbe schaffst Du Dir im Handumdrehen eine gesunde Gesichtsfarbe.

Benutze zum Haaretrocknen keinen Fön, sondern eine Zuckerwatte-Maschine.

Die Schwerkraft ist der grösste Feind der Schönheit. Erhebende Gedanken können dagegen helfen.

Mit etwas statischer Elektrizität behält Dein Haar diesen gewissen Pep.

Zupfe Dir die Augenbrauen aus.

Herausstehende Nasenhaare niemals auszupfen; das kann tödlich sein. Benutze statt dessen eine feine Heckenschere.

Ersetzte gewöhnliche Lockenwickler durch Pingpong-Bälle. Das Resultat springt jedem ins Auge.

Achte immer darauf, dass Deine Halskette zu Deinen Schuhen past.

Wenn Du Dir nicht ganz sicher bist, ob Deine Frisur sitzt, benütze Haarspray.

Achte immer darauf, dass Deine Kleidung auch Deinem Typ entspricht. Und denk immer an die Farben der vier Jahreszeiten: Petersilie, Salbei, Rosmarin und Thymian.

Die einfachste Methode, Dir Deine zarte Pfirsichhaut zu bewahren, ist natürlich, sie mit zerstampften Pfirsichen einzumassieren. Die Kerne solltest Du vorher entfernen.

Ein eingezogener Bauch macht nicht nur eine schlankerer Linie er lässt auch mehr Raum für den Bauch deines Partners.

Tusche Deine Wimpern so, dass si steil nach oben zeigen. Damit betonst Du Deine grossäugige Bewunderung für Deinen Liebster

Um Dir eine von Innen kommende "strahlende Schönheit" zu bewahren, solltest Du einmal pro Woche das nächst Atomkraftwerk besuchen.

Rüde Ausdrücke und vulgäres Benehmen sind für eine Dam tabu; dafür gibt es Männer.

Nach einem Bad solltest Du Deinen ganze Körper mit Eau De Toilette einreiben aber vergiss nicht, vorher zu spülen!

Setze Dein Kinn nie der Sonne aus.

Das grösste Schönheitsgeheimnis der Simpsons ist ein einnehmende Persönlichkeit.

42

N GEPFLEGTES ERSCHEINUNGSBILD UND ANIMALISCHE
CHLICH! AUS DIESEM GRUNDE HABE ICH ZWEI DER
M DIR'N PAAR HEISSE SCHÖNHEITSTIPS ZU VERRATEN.
N UND SCHON MAL EIN PAAR ATEMFRISCH-PASTILLEN EINWERFEN, MANN.)

Deine Gürtelschnalle sollte immer im letzten Loch stecken. Auf diese Weise zeigst Du, dass Du immer aus dem Vollen schöpfst.

Wenn Du das Glück haben solltest, eine Glatze zu haben, dann poliere Dir Deinen Kopf, bis sich das Objekt Deiner Begierde darin spiegeln kann.

Du kannst deine Unterwäsche doppelt so lange tragen, wenn Du sie einfach umkrempelst. Vailà so frisch wie neu.

Bleibe mit Deinem Kind im Manne in Verbindung, indem Du regelmässig grunzt und Dir auf den Bauch klatschst.

Vermeide Arbeit um jeden Preis. Du bekommst davon nur Schweissausbrüche und unansehnliche Schwielen.

Der Weg zum Herzen eines Mannes geht bekanntlich durch den Magen. Zeig Ihr, dass Du ein grosses Herz hast.

Wenn Du Ihr Deine unbeugsame Verwegenheit beweisen willst, solltest Du gelegentlich ungehemmt und männlich rülpsen.

VON HOMER SIMPSON, dem Herrscher der Hengste

...Willst Du immer noch den Sinn des Lebens ergründen? Blättere auf Seite 65...

Die Frisur eines Mannes sollte nicht höher als ein Tennisball sein.

Kleidungsstücke mit Knöpfen sind ein Werk des Teufels – meide sie wie die Pest.

Der Kreis ist die perfekteste Form des Universums; strebe danach, sie zu erreichen.

Trage immer Slipper. Auf diese Weise stört Dein Bauch nicht beim Anziehen Deiner Schuhe.

Sei zuvorkommend wann immer es geht. Am Ende eines gemeinsamen Abends kann ein kräftiger Stoppelbart sehr nützlich sein, um der Dame Deines Herzens beim Abschminken behilflich zu sein.

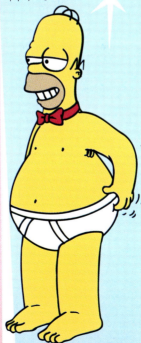

Mehl ist ein hervorragender und billiger Ersatz für Körperpuder. Und wenn Du Dich direkt nach dem Duschen damit bestäubst, verhindert es für den Rest des Tages, dass Deine Kleidung verrutscht.

Der Geruch von Chilli Dogs, Zwiebeln und Bier läst jede Frau dahinschmelzen.

Mit Blumen schmeichelst Du Dich ein, doch erst mit Donuts wird sie Dein.

Setze Dein Kinn niemals dem Regen aus.

Lass einfach alles raushängen.

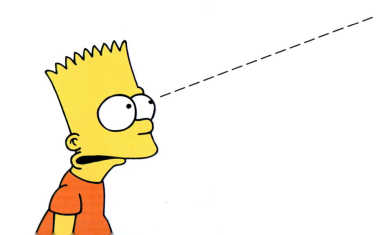

Arbeit & Geld

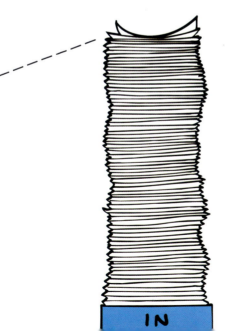

25 COOLe BERUFE DIE dU MaCHEN KAnNST, WENN DU GROSS BIS[t]

1. Eiscreme-Tester
2. Professioneller Yo-Yo-ist
3. Einbalsamierer
4. Millionär
5. Schlangenbeschwörer
6. Vampir
7. Milliardär
8. Zombie-Film-Regisseur
9. Monster Truck Fahrer
10. Versuchsperson für Wasserrutschen
11. Hochseiltänzer

12. UFO Pilot

13. Professioneller Karaoke-Sänger

14. Klippenspringer

15. Löwenbändiger

16. Kartengeber im Spielkasino

17. Schwarzer Magier

18. Skateboard Champion

19. Verrückter Wissenschaftler

20. Tätowierer

21. Geheimagent

22. Minigolf-Profi

23. Bettler

24. Videospiel-Tester

25. Trillionär

15. Menschenopfer
16. Hundefutter-Koch
17. Injektionsspritzen-Reiniger
18. "Fettester Mann der Welt" in einer Zirkusshow
19. Türsteher am Bahnhofskino
20. CSU-Politiker
21. Blutegel-Züchter
22. Lippenstift-Tester
23. Alberner Assistent eines Talkshow-Moderators
24. Warzen-Heiler
25. Ein Klon Deiner Eltern

BART SIMPSONS TIPS FÜR WENIGER STRESS BEI DER ARBEIT
UND WIE MAN SICH GANZ DAVOR DRÜCKT

> UNSER MOTTO: 99 PROZENT INSPIRATION UND NUR 1 PROZENT TRANSPIRATION, MANN!

OHNE DAFÜR ÄRGER ZU KRIEGEN!

Der wahre Arbeitsvermeidungsexperte ist ein zäher und hingebungsvoller Künstler. So etwas fällt einem nicht einfach so zu, Mann. Also wenn Du am Anfang noch keinen Erfolg hast, macht es wahrscheinlich viel zu viel Arbeit, es weiter zu versuchen. Vielleicht solltest Du Dich dann besser ins Kino oder sonstwo hin verdrücken, bevor Dich Deine Eltern schnappen und Dich zu noch mehr Haushaltsarbeit verdonnern.

Wenn Du allerdings glaubst, schon beim ersten Versuch damit durchzukommen, solltest Du ein paar meiner patentierten, elternerprobten Arbeitsvermeidungstechniken probieren.

1. Nach dem Essen nie zu lange am Tisch sitzenbleiben.
Wer zulange trödelt, muss Teller abräumen, wer schnell verschwindet, kann vorm Fernseher ablatzen!

2. Du solltest immer etwas wichtigeres zu tun haben. Beispiel: Wenn Du Dein Zimmer aufräumen sollst, sagst Du, dass Du Hausaufgaben machen musst. Wenn Du Deine Hausaufgaben machen sollst, sagst Du, dass Du Dein Zimmer aufräumen musst. Die reinste Zauberformel, Mann!

3. Sag einfach "Heute ist HIER NAME VON JÜNGEREN, WEHRLOSEN GESCHWISTERN EINTRAGEN dran! Ich hab' erst letzte Woche gespült!" Dieser überraschend einfache Trick funktioniert erstaunlich oft, da sich Deine Eltern meist sowieso an nichts erinnern und sich auf Deine Behauptungen verlassen müssen! WARNUNG: Wir raten entschieden davon ab, den Abwasch auf ältere, verschlagenere oder stärkere Geschwister abzuschieben, sonst könnte es Dir leid tun!

4. Täusche Interesse am Lesen vor. Dafür steckst Du einfach Deine Lieblingsnummer von Radioactive Man in einen dicken, fetten, wichtig aussehenden Wälzer, vergräbst Deine Nase darin und entspannst Dich, Mann! Normalerweise werden die Eltern über Dein plötzlich erwachtes Interesse an Büchern so begeistert sein, dass sie Dich wochenlang in Ruhe lassen. Wenn sie langsam misstrauisch werden oder Dich irgend wann doch mal auffordern, etwas im Haushalt zu tun, erwiderst Du einfach in einem beleidigten Tonfall "Seht Ihr denn nicht, dass ich hier versuche, etwas für meine Bildung zu tun?!

5. Stell Dich so dumm an, bis Deine Eltern irgendwann dahinter kommen, dass es sie viel weniger Zeit kostet, die jeweilige Arbeit selbst zu erledigen, als Dir zu zeigen, wie es geht. Diese Technik erfordert ein wenig Geduld, aber das Resultat ist es wert, Mann!

6. Wenn Du wirklich alles dafür geben willst, dem Mühsal der Haushaltsarbeit zu entgehen, solltest Du es in Betracht ziehen, nach der Schule einem Verein beizutreten. Aber ich muss Dich warnen, das kann unter Umständen ein noch furchtbareres Schicksal sein, als die Hausarbeit. Du könntest zu erniedrigenden Ritualen gezwungen oder dazu gebracht werden, lächerliche Kleidung zu tragen. Wirklich nur als allerletzter Ausweg empfehlenswert.

7. Täusche vor, krank oder verletzt zu sein. Du musst dann keinen Finger mehr rühren und kommst in den BESONDEREN GENUSS, von genau denen von vorn bis hinten bedient zu werden, die sich sonst als gnadenlose Sklaventreiber aufführen – von Deinen Eltern!

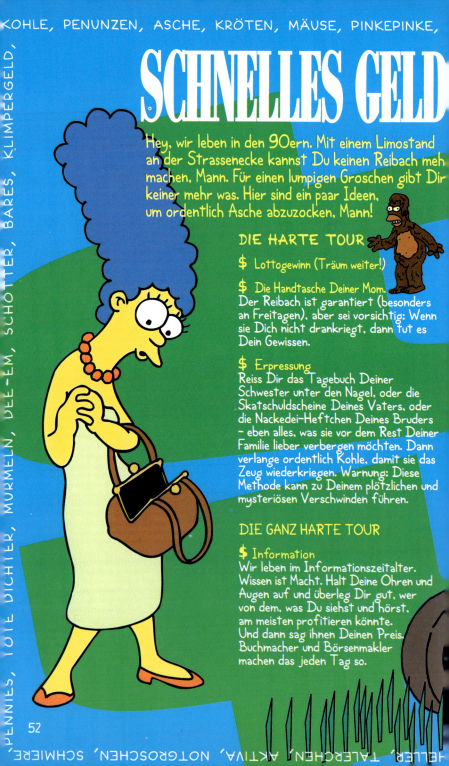

KOHLE, PENUNZEN, ASCHE, KRÖTEN, MÄUSE, PINKEPINKE,

SCHNELLES GELD

Hey, wir leben in den 90ern. Mit einem Limostand an der Strassenecke kannst Du keinen Reibach meh machen, Mann. Für einen lumpigen Groschen gibt Dir keiner mehr was. Hier sind ein paar Ideen, um ordentlich Asche abzuzocken, Mann!

DIE HARTE TOUR

$ Lottogewinn (Träum weiter!)

$ Die Handtasche Deiner Mom. Der Reibach ist garantiert (besonders an Freitagen), aber sei vorsichtig: Wenn sie Dich nicht drankriegt, dann tut es Dein Gewissen.

$ Erpressung
Reiss Dir das Tagebuch Deiner Schwester unter den Nagel, oder die Skatschuldscheine Deines Vaters, oder die Nackedei-Heftchen Deines Bruders – eben alles, was sie vor dem Rest Deiner Familie lieber verbergen möchten. Dann verlange ordentlich Kohle, damit sie das Zeug wiederkriegen. Warnung: Diese Methode kann zu Deinem plötzlichen und mysteriösen Verschwinden führen.

DIE GANZ HARTE TOUR

$ Information
Wir leben im Informationszeitalter. Wissen ist Macht. Halt Deine Ohren und Augen auf und überleg Dir gut, wer von dem, was Du siehst und hörst, am meisten profitieren könnte. Und dann sag ihnen Deinen Preis. Buchmacher und Börsenmakler machen das jeden Tag so.

HIENEN, SCHEINCHEN, KÄFER, ZUNDER, MONETEN, ZASTER

$ Belohnungen
werden für eine Menge Dinge vergeben: Für entlaufene Katzen (Angebote findest Du auf einem Telefonmast in Deiner Nähe) oder z.B. für Beweise für die Existenz des Yetis.
• Reinhold Messners Yeti-Projekt zahlt 1000 Steine für jeden echten Hinweis auf die Existenz des sagenhaften Schneemenschen (Haare, Schädel, Zähne oder Knochen). Versuch sie mit dem Gebiss Deines Grossvaters reinzulegen.
• Eduard Zimmermanns "Aktenzeichen XY Ungelöst" zahlt für alle Hinweise, die zur Ergreifung und Verurteilung heimtückischer Verbrecher führen. Frag auch beim Bundeskriminalamt und den Sparkassenvereinigungen nach eventuellen Belohnungen, vielleicht kannst Du so doppelt kassieren!
• Cutty Sark (in London, England) zahlt jedem 1 Million Pfund, der ihm ein echtes, ausserirdisches Raumschiff präsentieren kann. Ungelogen! Also immer schön den Himmel beobachten!

DIE HÄRTESTE TOUR

$ Körperliche (Ugh!) Arbeit
Als letzte Möglichkeit zum Geldverdienen müssen sich viele von uns der Ausübung entwürdigender und ausbeuterischer Tätigkeiten unterwerfen. Die folgenden schweisstreibenden Verrichtungen werden Dir immer wieder unterkommen:
• Autos waschen (bei $5 pro Auto kannst Du in einer Stunde $10 verdienen. Das ist gar nicht so übel.)
• Rasenmähen (hierbei gilt etwa das gleiche Preis/Leistungsverhältnis.)
• Garage fegen (hierbei solltest Du aus der Tatsache Kapital schlagen, dass kein Hausbesitzer auf der Welt das gern selber tut.)

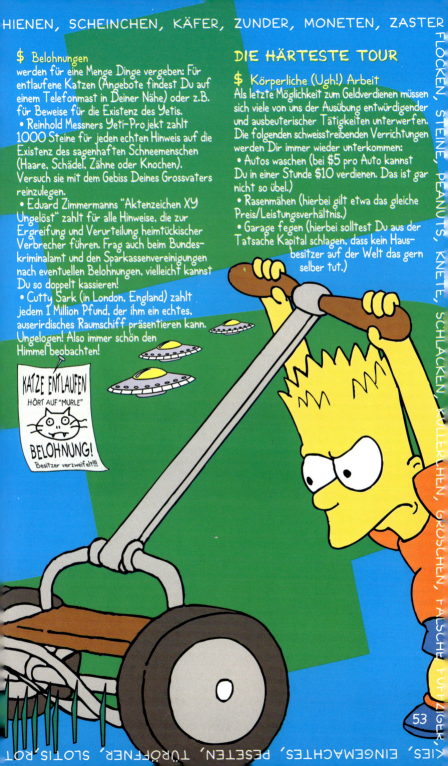

KATZE ENTLAUFEN
HÖRT AUF "MURLE"
BELOHNUNG!
Besitzer verzweifelt!!!

FLOCKEN, STEINE, PEANUTS, KNETE, SCHLACKEN, KULLERCHEN, GROSCHEN, FALSCHE FUFFZIGER, KIES, EINGEMACHTES, PESETEN, TÜRÖFFNER, SLOTIS, ROT

SO KOMMST DU AN DAS
GELD
DAS DIR ZUSTEHT
⇒ ODER ⇐
So bekommst Du eine Taschengelderhöhung ohne eine Tracht Prügel

REGEL #1: DEINE ELTERN WOLLEN, DASS DU GLÜCKLICH BIST.

REGEL #2: GELD MACHT GLÜCKLICH.

ALSO HER MIT DER KOHLE, MANN.

BART STATT EURO

Vermögensbildene Ratschläge von Eurem Finanzberater Bartholomew J. (für Jillionär) Simpson

An den verachtenswerten Wurm, der dieses Buch abgegriffen hat: Fang besser keine Fortsetzungsromane mehr an, Kumpel. Barf hat Dich im Visier.

> Was man mit Geld alles machen kann: Freunde kaufen, Zuneigung kaufen, es hemmungslos verspielen, Fußgänger mit Deiner Limousine über den Haufen fahren, andere Leute dafür bezahlen, dieses Buch für Dich zu schreiben, die Pausenaufsicht bestechen, Dir eine bessere Note in der Mathe-Arbeit kaufen, andere grün vor Neid werden lassen, jede existierende Sorte von Süßigkeiten kaufen und alles auf einmal aufessen, ohne dafür ausgelacht zu werden.

DIE KUNST DES VERHANDELNS

1. Kleider machen Leute.

- Dämliche Frisur
- Schleimige Fliege
- Mit Spucke polierte Lackschuhe
- Kniestrümpfe

> IHR LIEBEN, DÜRFTE ICH UM EINEN MOMENT EURER ZEIT BITTEN?

2. Bleibe freundlich, aber bestimmt.

> ICH FÜRCHTE, EUER ANGEBOT ÜBER EINE TASCHENGELDERHÖHUNG VON 10 CENT PRO WOCHE IST SCHLICHTWEG NICHT AKZEPTABEL.

3. Nutze die Schwächen des Gegners

> IHR WISST DOCH, DAS ICH EUCH LIEB HAB?

> UND IHR LIEBT MICH DOCH AUCH, NICHT WAHR?

4. Suche den kleinsten gemeinsamen Nenner und arbeite Dich dann weiter vor.

5. Erweiche ihr Herz und nutze ihre Gefühle für Dein Verhandlungsziel.

> ABER WENN IHR MICH LIEBT, WIE KÖNNT IHR DANN ERWARTEN, DASS ICH DIESE STÄNDIGE DEMÜTIGUNG NOCH LÄNGER ERTRAGE, NIE GENUG KLEINGELD ZU HABEN, UM MEINER FAMILIE ANGEMESSENE GEBURTSTAGSGESCHENKE ZU KAUFEN?

6. Sage klar und deutlich, was Du willst.

> ICH VERLANGE JA NICHT MEHR, ALS $50 PRO WOCHE.

7. Dann formuliere Deine Forderung diplomatisch um.

> DAS SIND GERADE MAL EIN PAAR PFENNIGE PRO MINUTE!

8. Hol zum Vernichtungsschlag aus.

> VIELLEICHT MACHEN EUCH DIESE ENTHÜLLENDEN FOTOS JA ETWAS SPENDABLER?

9. Zum Schluß lässt Du Dir alles schriftlich bestätigen.

> DU HAST GENAU DIE RICHTIGE ENTSCHEIDUNG GETROFFEN, DU ALTER FUCHS!

Schlaf

① Mitternachtsobservatorium mit mega-starkem intergalaktischen Teleskop
② Persönliches Porträt, gemalt vom brillantesten Künstler des 20. Jahrhunderts
③ Übersicht außerirdischer Lebensformen
④ Privates Basketballspielfeld
⑤ Wandschrank mit automatischer Kleiderauswahl
⑥ Komplettes audiovisuelles Home-Entertainment-System mit Krusty-Kanal-Wandfernseher
⑦ Modellflugzeuge im Luftkampf
⑧ Privater Kühlschrank mit Junkfood
⑨ Video-Traum-Rekorder
⑩ Miniatur Heavy-Metal-Band Wecker
⑪ E=MC2 Zeitmaschine mit Schlummertaste
⑫ Frühstücksbutler und Mitternachtssnack-Hausmädchen-Roboter
⑬ Elterngetestete Sicherheitstür
⑭ Frühwarnsystem vor kleinen Schwestern
⑮ Riesen-Ameisenfarm mit durchsichtigen Wänden
⑯ Schlösser mit automatischer Fingerabdruck-Erkennung
⑰ Tätowierungsmaschine
⑱ Im Dunkeln leuchtende Bettdecke
⑲ Durchsichtiges Wasserbett mit echten Piranhas
⑳ Pipi-Matic™ Bettnässe-Warnsystem
㉑ Geheimes Verlies
㉒ Schreibtisch, der Deine Hausaufgaben für Dich macht
㉓ Falltür zum Tigerkäfig
㉔ Scharfe Wachhunde hinter ein Meter dicker Bleitür
㉕ Komplette Sammlung von Radioactive Man Comics mit Star-Catcher als Gute-Nacht-Geschichten-Vorleser

DAS SCHLAFZIMMER ME

Das Schlafzimmer meiner Träume

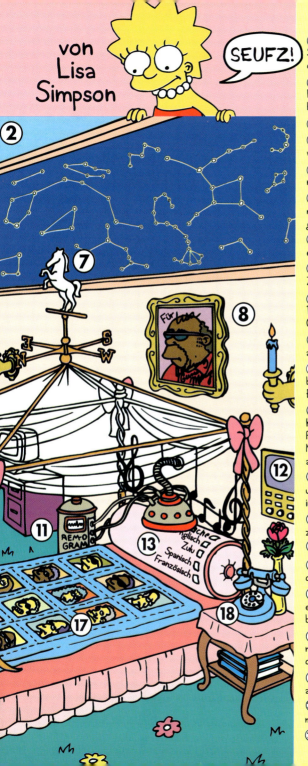

von Lisa Simpson

SEUFZ!

① Im Dunkeln leuchtende Sternenkarte an der Zimmerdecke

② Riesiges Dachfenster zum Lesen (tagsüber) und Sterne beobachten (nachts)

③ Mobile von Alexander Calder

④ Klassisch-gotische Steinwächter

⑤ Deckenhohes Bücherregal mit Rolleiter

⑥ Bildergalerie von herausragenden Frauen der Weltgeschichte

⑦ Wetterfahne in Form eines edlen weisen Hengstes

⑧ Handsigniertes Foto von Zahnfleischbluter Murphy

⑨ Komplettes Malibu Stacy Puppenset mit Haus und Garderobe

⑩ Exotische Blumensträusse aus aller Herrenländer

⑪ Automatischer Augenbewegungs-Sensor zur Erforschung der Traumphasen

⑫ Traumgenerator zum Kennenlernen von berühmten Frauen: Triff Marie Curie, Madonna, Alice Schwarzer und andere während Du schläfst

⑬ Fremdsprachenkissen zum unterbewussten Vokabellernen im Schlaf

⑭ Schmuseweiche Schäfchen zum Zählen

⑮ Ein Zimmermädchen

⑯ Ein klassischer Gitarrist der Schlaflieder spielt

⑰ Daunendecke mit eingestickten Porträts berühmter Jazzmusiker

⑱ Privates Telefon am Bett mit Direktanschlüssen zu Freunden und Regierungsvertretern

⑲ Aus Fossilien und Muscheln angefertigter Schreibtisch

⑳ Rasterelektronenmikroskop mit vollautomatischem Nachtlabor

㉑ Teppich aus echtem Gras

61

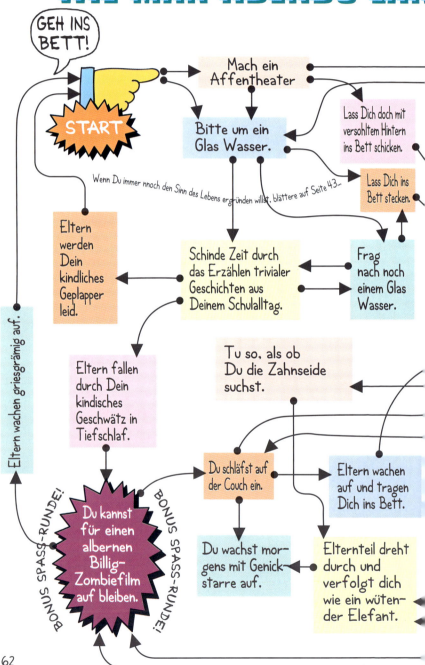

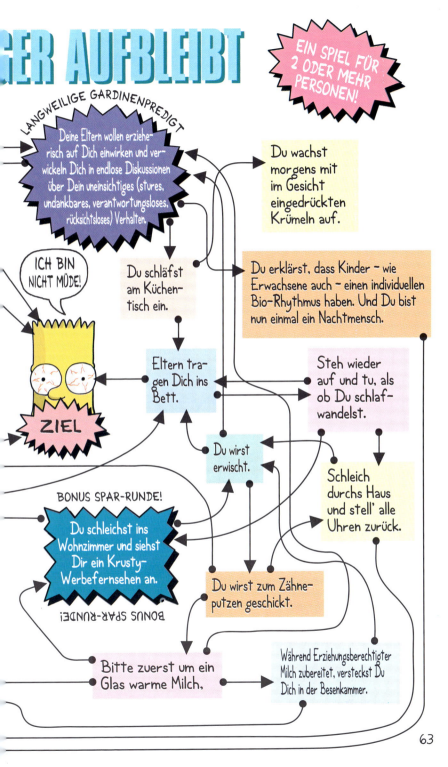

Deine Träume

DU TRÄUMST, DASS DU... | **DAS BEDEUTET...**

nackt in einem Supermarkt stehst. — Du wirst ein professioneller Show-Catcher.

von einer Riesenqualle verfolgt wirst. — Du bekommst einen fiesen Hautausschlag.

von tanzenden Polizisten die Haare geschnitten bekommst. — jemand schenkt Dir einen Backstage-Pass für ein Rockkonzert.

ein blaues Auge hast. — Du wirst auf dem Schulhof vermöbelt.

in einem Haus aus Schokolade wohnst. — das Schicksal meint es gut mit Dir.

auf Reissnägeln sitzt. — Du wirst von einem Hund gebissen.

an einem Papierdrachen in den Himmel steigst. — Du wirst ein Filmstar.

Runkelrüben an sprechende Schweine verkaufst. — Du wirst ins Büro vom Direktor geschickt.

auf einem schwarzen Skateboard sitzt. — Du wirst zum Schrecken Deiner Feinde werden.

ohne Fallschirm aus dem Flugzeug stürzt. — jemand wird Deine Schnürsenkel zusammenbinden.

und was sie bedeuten:

DU TRÄUMST, DASS DU...	DAS BEDEUTET...
in einem See aus Squishee schwimmst.	das Geld wird an Deinen Fingern kleben bleiben.
nach Veilchen duftest.	Du hast Mundgeruch.
mit Karamelcreme gurgelst.	Du wirst eine Zirkus-Attraktion.
mit einem Fisch ringst.	Das Geld wird Dir aus den Fingern rutschen.
mit einer riesigen Maus tanzt.	Du wirst einen Vergnügungspark besuchen.
in einem Sturm stehst.	Du wirst Halsweh bekommen.
in einer Welt lebst, in der Deine Eltern zu Kegeln geworden sind.	Ein Herzenswunsch wird wahr.
Himmel und Hölle auf Deinem eigenen Bauch spielst.	Du wirst Dein Abendessen rückwärts loswerden.
Kaninchen verehrst.	Du wirst ein Medienimperium errichten.
in einem Traum bist.	Du schaust zuviel fern.

Grübelst Du immer noch über den Sinn des Lebens nach? Blättere auf Seite 36.

Eltern

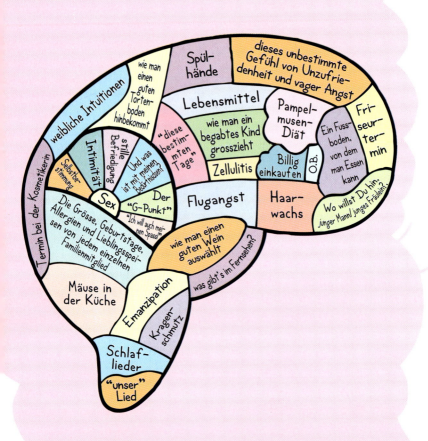

Was Elter

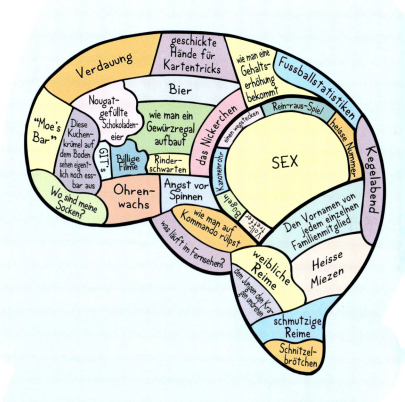

n denken
wenn überhaupt

DIE LIEBLINGSLÜG

EN DEINER ELTERN

"WER MIT DEN FINGERN ZEIGT, BEKOMMT WARZEN."

"DU WIRST DAS VERSTEHEN, WENN DU ÄLTER BIST."

"EINES TAGES WIRST DU MIR DAFÜR DANKBAR SEIN."

"DAS WIRD DIR NOCH LEID TUN."

"WENN DU MIT DEN KNÖCHELN KNACKST, BEKOMMST DU ARTHRITIS."

"EGAL WAS PASSIERT, WIR WERDEN IMMER FÜR DICH DA SEIN."

Wie Du Deine Eltern in den Wahnsinn treibst

REGEL NR. 1: SEI EINFACH DU SELBST, MANN!

IM AUTO

2. Vergiss vor jeder langen Fahrt, vorher aufs Klo zu gehen.
3. Frage alle 30 Sekunden "Sind wir bald da?"
4. Warte, bis Ihr auf einem einsamen, gottverlassenem Abschnitt der Autobahn seid, bevor Du verkündest, dass Du unheimlich hungrig bist.
5. Quengel herum.
6. Wette mit Deiner kleinen Schwester, wer mit der höchsten Stimme sprechen kann.
7. Biete ihnen an, für eine Weile das Steuer zu übernehmen, damit sie ein Nickerchen machen können.
8. Zeige vorbeifahrenden Polizeiwagen den Stinkefinger.
9. Intoniere eine trommelfell-erschütternde Runde von "Es gibt kein Bier auf Hawaii".
10. Bestehe darauf, Anhalter mitzunehmen.
11. Sag, dass Du wieder nach Hause willst, sobald ihr am Ziel seid.
12. Unterstreiche Deine schlechte Laune mit den "Vier 'S'": Spucken, Schluchzen, Schmollen und Schreien.
13. Intoniere eine trommelfell-erschütternde Runde von "Es gibt kein Bier auf Hawaii" – aber nur den Refrain. (Für die ganz mutigen!)

IN DER KIRCHE

14. Klatsche nach der Predigt.
15. Rufe laut "Ich muss Pipi!"
16. Verdrück Dich.
17. Kritzle ins Gesangbuch.
18. Nimm Dir ein kleines Trinkgeld aus dem Klingelbeutel.
19. Zapple herum.
20. Wenn der Pastor Dich ansieht, streck ihm die Zunge heraus.
21. Gähne.
22. Rülpse während des "Vaterunser"
23. Schlaf ein.
24. Starre die Leute in der Bank hinter Dir an.
25. Schnarche.

IM FEINEN RESTAURANT

38. Verlange einen anderen Tisch.
39. Nenn den Kellner "garçon"
40. Blubber mit Deiner Milch herum.
41. Knote Dir Deine Serviette ums Gesicht.
42. Lass eisgekühltes Wasser zurückgehen, weil es Dir nicht kalt genug ist.
43. Iss alles mit den Fingern.
44. Verlange nach dem Geschäftsführer.
45. Bitte darum, mal am Wein probieren zu dürfen.
46. Bestelle immer das teuerste auf der Speisekarte.
47. Nimm immer nur ein paar Happen von Deinem Essen, dann gib vor, Bauchweh zu haben.
48. Bestelle einen Nachtisch.
49. Mach einen Aufstand, wenn sie Dir keinen Nachtisch erlauben.

IMMER

50. Erzähle Deinen Eltern, dass Du sie so sehr lieb hast, dass Du niemals von zuhause ausziehen wirst.

IM SUPERMARKT

26. Schmuggle Sachen in ihren Einkaufswagen (falsche Fingernägel, Schildkrötenfutter, Fischkonserven etc.).
27. Tu, als ob Du verlorengegangen wärst und lass Deine Mutter ausrufen.
28. Trainiere Deine Jongleur-Fähigkeiten mit ein paar Freiluft-Bio-Eiern.
29. Lutsche an den Früchten.
30. Leg Dich in die Tiefkühltruhe und tu, als ob Du erfroren wärst.
31. Dekoriere die Auslagen um.
32. Vertausche alle Preisschilder.
33. Stopf möglichst viel Nahrungsmittel in Dich hinein, bevor Ihr an der Kasse seid.
34. Bestehe darauf, im Einkaufswagen zu sitzen.
35. Drücke auf die gefüllten Donuts.
36. Öffne alle Kornflakes-Packungen im Regal und fische die Spielzeug Gimmicks heraus.
37. Probier aus, ob Du die unterste Tomatendose aus der riesigen Dosenpyramide herausziehen kannst.

Kunst & Kultur

VERHALTENSREGELN IN MUSEEN

MUSEEN SIND DIE HEILIGEN HALLEN UNSERER KULTUR, WAS DU IHNEN ABER ECHT NICHT KRUMM NEHMEN SOLLTEST. SIE VERDIENEN DEINEN RESPEKT, MANN! ALSO, WENN DU DAS NÄCHSTE MAL IN EINE DIESER VERSTAUBTEN ALTEN ABSTELLKAMMERN GEZERRT WIRST, SOLLTEST DU DICH ZUR ABWECHSLUNG MAL *BENEHMEN*. VERSUCH'S DAMIT:

IM NATURKUNDE-MUSEUM

- Hänge Sonderangebots-Schilder an die ausgestopften Tiere.
- Klebe dem Museumswächter ein "NEANDER-TALER"-Schild auf den Rücken.
- Klettere in ein Dinosaurierskelett und tu so, als würde man Dich im Museum gefangenhalten.
- Ergänze den Namen Deines Lehrers auf der Liste der vom Aussterben bedrohten Arten.
- Wenn Du vor dem Skelett des Mammuts stehst, frag saublöd: "Und wo ist der Rest?"
- Schleiche Dich in das Urzeit-Diarama und spiele das hilflose Opfer eines Säbelzahntigers

VERWIRRE DEINEN MUSEUMSFÜHRER:

- "Wenn nebenan eine Ausstellung explodieren würde, und niemand wäre da, um es zu hören – würde es dann überhaupt einen Knall geben?"
- "Wie hört es sich eigentlich an, wenn ein Einarmiger klatscht?"

IM NATURWISSEN-SCHAFTLICHEN MUSEUM

- Untersuche Proben Deiner Spucke unter dem Mikroskop.

- Benutze den Riesenmagneten, um herauszufinden, ob einer Deiner Klassenkameraden Metallplatten in seinem Kopf hat.
- Zieh' einen weissen Kittel an, trage einen Notizblock mit Dir herum und rufe in regelmässigen Abständen "Eureka!"
- Frag den Museumsführer "Haben Sie keine schärferen Fotos vom Uranus?"

"HEY"

"IHRR 'AARSCHNITT IIST FERTISCH, MONSIEUR MONKEY MAN!"

KLUGE FRAGEN
(die ihr Eurem Museumsführer stellen könnt)

- "Würden Sie Ihre Knarre benutzen, wenn diese Mumie da plötzlich zum Leben erwachen und mir an den Hals springen würde?"
- "Was haben diese ausgestopften Warzenschweine eigentlich für ein Haltbarkeitsdatum?"

GESCHICHTE DES UNIVERSUMS

ZEIT

 Urknall

1 Gazillion v. Chr. — Die ersten Einzeller entstehen in der Ursuppe

350 Millionen v.Chr.  OINK

SO WIRST DU EIN GEFEIERTER DICHTER

"JEDES GEDICHT BEGINNT ALS FROSCH IM HALS." —ROBERT FROST

Warum Du gerade ein Dichter werden solltest? Weil das die beste Möglichkeit ist, hauptberuflich herumzublödeln. Allein die Tatsache, dass du auf der Welt bist, gehört dabei schon zu Deinen Recherchen, Mann. Du kannst Dich so schräg benehmen, wie Du willst. Egal ob Du schmollst und vor Dich hinbrütest oder ständig verdreht und verrückt bist – sobald die Leute herausfinden, dass Du ein Dichter bist, erklärt das alles und sie lassen Dich in Ruhe. Abgesehen davon: Dichter können coole Käppis tragen und Bongos spielen. Halte Dich an diese einfachen Grundregeln und studiere das wunderbare Gedicht auf der nächsten Seite, dann kannst auch Du ein gefeierter Dichter werden, Mann.

1. Widme Dein Gedicht einer berühmten Person. Auf diese Weise erkennt jeder, dass Du ein tiefsinniger und bedeutender Intellektueller bist.

2. Benutze wann immer du kannst Fremdwörter. Damit verdeutlichst Du, dass Du so schlau bist, dass eine Sprache nicht ausreicht, um Deine Gedanken zu formulieren.

3. Dummerweise sind einige Gedichte in Reim-Form. Wenn Du unbedingt eins von dieser Sorte schreiben willst, ist es viel einfacher, zuerst die Reimwörter zu sammeln und dann den Inhalt drum herum zu schreiben. Meine Vorschläge: Keilerei, herbei, Prügelei, einerlei, Hai, Ferkelei, Spiegelei, vorbei, Blei, Bonsai.

4. Je hoffnungsloser das Thema Deines Gedichtes ist, desto besser. Hier ein paar Beispiele für den richtigen Anfang: Hass, Liebe, Tod, Schuld, Hausaufgaben.

5. Probleme mit der Zeichensetzung? Hey, Du kannst Punkt und Komma den Gulli runterkippen, wenn Du ein Gedicht schreibst!

6. Oder, verwende NUR Satzzeichen. Alles ist erlaubt, Mann.

7. Je schwergewichtiger die Worte, desto besser das Gedicht.

8. Benutze Wörter, die mit dem selben Buchstaben anfangen. Das wird die Leute umhauen.

9. Und jetzt eines der coolsten Geheimnisse der Dichtkunst überhaupt: Du brauchst nicht mal richtige Wörter. Ganz recht. Denk Dir einfach welche aus.

10. Du kannst alles Mögliche aufs Papier bringen und es ein Gedicht nennen, wenn Du genug Zwischenräume setzt.

11. Du kannst die Worte schreiben, wie Du willst. Schliesslich bringst Du den Sinn des Lebens zu Papier, nicht ein spiessiges Wörterbuch.

12. Verwende mehrmals ein und dasselbe Wort. Das klingt tiefschürfend und Du kriegst die Seite voll.

CAPISCE?

DIE STEINZEIT

2 Millionen v. Chr.	1.250.000 v. Chr.	1.000.000 v. Chr.	400.000 v. Chr.
Der erste Mensch.	Edna Krabappel geboren.	Seymour Skinner geboren.	Erfindung des Feuers.

AUTSCH!

AUF WIEDERSEHEN, MY DUMPLING (Ein Lied für Spanien)

Von Talbot J. Davenport III
Gewidmet Albert Einstein

Unsere Zeit ist nun vorbei...
Goodbye, goodbye,
auf Wiedersehen, mein Knödelei.
Lass doch jetzt die Nörgelei
– sieh's doch mal so:
Ich geb Dich frei...
Goodbye, goodbye,
auf Wiedersehen, Mein Knödelei.

Deine Gedanken, gross so gross wie ein Herz gefüllt mit Liebe
unerwidert
wachsen sie, voller Qual und so nutzlos
dein Zuhause war überall, das weisst du doch oder auch
nicht im Dasein des Universums

#&*;!!$%%&*#@$!!!
transzendiere taumelnd durch die Zeit retrospektiv ist gestern schon morgen wieder so weit
@&*;&!!!$%&?;;#@

heimatlos hungern
haarige Häupter unsere
Ängste versinken in

Zong zing Zang
Zoing Ka-choing
Noing Doing poing
Gang ging gong going
und werden zu
VA-DA-DA-DOING!

Du

verstehst.

Warum

all' der

Hass ?

Ich muss jetzt geh'n.
Die Ferne ruft.
Trockne die Trän,
Hohl erstmal Luft.
Und giess doch bitte die Kakteen.
Sehr nett von Dir, auf Wiedersehen.
Goodbye, goodbye, mein Knödel.
Goodbye,
Goodbye.
Goodbye.
Good.

KUCKUCKS-EI?
URUGUAY?
PAPAGEI?
KARL MAY?
BLÖDELEI?
KELLEREI?
BÄCKEREI?
FBI?
HI-FI?

DU HÄLST DICH ALSO FÜR EINEN GROSSEN DICHTER, HÄH?

Dann beweise es. Benutze die Worte aus Tip Nr. 3, um Dein eigenes Meisterwerk zu komponieren.

Unsere Zeit ist nun vorbei.
Da hilft auch keine _____
Wer Schuld ist, ist jetzt _____
Dieser Reim ist eine einzige _____!

EISZEIT

Am Spieß geröstete Marshmallows erfunden.

20,000 v. Chr
Der erste Comiczeichner bekritzelt Höhlenwände. Wird für diese Schandtat lebendig gehäutet.

6400 v. Chr.
Erfindung des Rades.

DIE BRONZEZEIT

Blütezeit heidnischer Rituale

2500 v. Chr.
Die Mumie geboren.

SO WIRST DU EIN GEFEIERTER Dichter*
TEIL II

NÜTZLICHE PHRASEN FÜR NACHWUCHS-GENIES

- Wenn ich erstmal berühmt bin, wird es Euch noch leid tun.
- Keiner versteht mich.
- Keiner versteht meine Werke.
- Gibt es bei dieser Vernissage wenigstens was zu Essen?
- Ihr seid doch alle kommerzielle Stümper.
- Mein Leiden inspiriert mich.
- Wo bleibt mein Arbeitslosengeld?
- Kannst Du mir 10 Mäuse pumpen, Mann?
- Das hätte ich im Schlaf gekonnt.

Das AUSSEHEN eines Genies

JETZT, WO DU EINEN ERSTEN EINBLICK HAST, WIE EIN GENIE **SCHREIBT**, WIRD'S ZEIT, DASS DU LERNST, DICH AUCH WIE EIN GENIE ZU **BE-NEHMEN**, MANN.

*FUNKTIONIERT NATÜRLICH AUCH BEI MÖCHTEGERN-MALERN, PERFORMANCE-KÜNSTLERN UND MUSIKERN.

DIE EISENZEIT

2000 v. Chr. — "SO VIEL WÄSCHE, SO WENIG ZEIT."

800 v. Chr. Herkules erfindet das Bodybuilding.

DIE ZINKZEIT

600 v. Chr. Die Römer erfinden den Zirkus.

40 v. Chr. Cleopatra badet in Milch.

VIELLEISCHT WERDE ISCH DURCH EIN BISSCHEN FERNSEHEN UND EIN KLITZEKLEINES NICKERCHEN WIEDER INSPIRIERT.

- Verachtung für die Gesellschaft und ihre kleinbürgerlichen Wertvorstellungen.
- Individuelles Bärtchen
- Unbesorgter Umgang mit der eigenen Gesundheit
- Rieselnde Asche
- Trotzige Körpersprache
- Unvollendete, aber nichtsdestotrotz göttlich inspirierte Werke auf dem Fussboden
- Kopfbedeckung, drinnen und draussen getragen
- Vom Weltschmerz gezeichneter Gesichtsausdruck
- Hohle Wangen
- Schmutzige Fingernägel
- Gewagte Kleiderwahl
- Vakuum in den Taschen

ZEITALTER DER GLADIATOREN | **DAS ÖDEZEITALTER**

 0 v. Chr. Weihnachten wird erfunden.

 Löwenfütterung mit Christen. Am Tisch zu rülpsen, gilt in Rom als fein.

 GÄHN — Nix los

 476 Rom fällt.

BARTHOLOMEW J. (für JENIE!) SIMPSON PRÄSENTIERT DIE

7 WELT-WUNDER

1. OTTO, DER SINGENDE HAMSTER
Genaugenommen singt er gar nicht richtig, aber wenn Du ihn an der richtigen Stelle zusammendrückst, treten seine Augen hervor und er quietscht die Melodie von "99 Luftballons".

> KAUFT MEINE "LEICHENTUCH VON JEBEDIAH"-KÜCHENROLLEN. EIN TOLLES MITBRINGSEL!

2. DAS LEICHENTUCH VON JEBEDIAH SPRINGFIELD
Ein gruseliges Abbild von etwas, das dem Gründungsvater von Springfield irgendwie ähnlich sieht, starrt den Betrachter von diesem alten Spültuch an. Um Zeuge dieser wundersamen Erscheinung zu werden, stehen die Gläubigen vor Moes Taverne Schlange – dort, wo das Leichentuch vor Jahren entdeckt wurde. Manch einer behauptet, das Abbild wäre nicht mehr als schmieriger Spülschmutz, aber für wahre Gläubige ist und bleibt es ein Wunder.

3. JASPERS GEBISS
Niemand kann erklären, warum seine unglaubliche Beissleiste 12 Kurzwellensender, 22 Langwellensender und den Polizeifunk empfangen kann – aber es funktioniert! Wissenschaftler haben sich mit diesen Phänomen ausgiebig beschäftigt, um herauszufinden, wie der geheimnisvolle "Empfänger" funktioniert. Bislang allerdings ohne nennenswerte Erfolge.

UNGLAUBLICH, ABER WAHR!

Alle Antworten über den Sinn des Lebens erwarten Dich auf Seite 77...

DAS FINSTERE MITTELALTER | **DAS MI**

1193 Robin Hood legt sich mit dem Sheriff von Nottingham an.

1194 Bruder Tuck gründet den ersten Hähnchengrill-Imbiß,

4. TANTE PATTYS BH

Wir würden es hier niemals wagen, die tatsächliche Grösse zu schätzen, aber es ist offensichtlich, dass jedes Körbchen über sechs Liter Milch fassen kann!

NICHT TATSÄCHLICHE GRÖSSE!

DIESES SCHILD WAR EINMAL 10 METER HOCH!

WARNUNG! NICHT ZU LANGE AN EINER STELLE STEHEN!

5. DES TEUFELS SICKERGRUBE

Zahllose Wagemutige haben bereits versucht, diesen matschigen, faulig-stinkenden Sumpf zu durchqueren – aber alle haben dies mit dem Verlust von mindestens einem Schuh bezahlen müssen. Welches übernatürliche Phänomen dieses allesverschlingende Schlammloch geschaffen hat, wird wohl für immer ein Geheimnis bleiben. Früher auch bekannt als "Des Teufels Jauchegrube".

6. MARGE SIMPSONS FRISUR

Bestehend aus über 170.000 Haaren und nur von einer einzigen Haarnadel zusammengehalten, überragt dieser Mount Everest der Frisuren jede andere Haarpracht in Springfield... und anderswo! Welche Geheimnisse mögen sich im Inneren verbergen? Wie werden es wohl nie erfahren, aber einst nistete eine Sperlingsfamilie in ihren oberen Regionen.

VIER QUADRATKILOMETER SPASS TOTAL, UMGEBEN VON EINEM STARKSTROMZAUN!

7. KRUSTYLAND FREIZEITPARK

Zweifellos das grösste der sieben Weltwunder, jedenfalls unserer Meinung nach. Die atemberaubendsten Attraktionen: Die unvergesslich feuchte Kenter-Fahrt, der Kaktus-Wald und die unendliche Warteschlange. Keine Haftung für Kotzattacken, Verlust von Gliedern, aufgespiesste Oberkörper oder Hitzeschläge. Sorry, Rückerstattung des Eintrittsgeldes nicht möglich.

ERLEBEN SIE DIE HINDENBURG! EIN "EINMALIGES" ERLEBNIS!

LERE MITTELALTER | **DAS HELLE MITTELALTER**

1200 — Atlantis versinkt.

1259 — Die Engländer kicken den abgeschlagenen Kopf eines Feindes durch die Straßen und erfinden dabei das Fußballspiel.

1300 — Die schwarze Pest löscht fast ganz Europa aus..

1444 — Romeo und Julia verlieben sich und sterben.

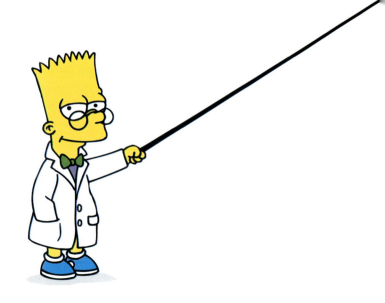

Wissenschaft

BARTS NATURGESETZE

Wir halten diese Wahrheiten für unabdingbar. Versuche nicht, diese Gesetze zu umgehen, denn sie sind unumgänglich.

Ruhender Körper

Elterlicher Körper

DAS ERSTE BART'SCHE BEWEGUNGSGESETZ:
Ein ruhender Körper wird solange ruhend bleiben, bis ein elterlicher Körper vorbeikommt und ihm aufträgt, den Rasen zu mähen. Wenn der ruhende Körper, trotz dem Drängen des elterlichen Körpers, weiterhin in Ruhe bleibt, tritt Barts zweites Gesetz der Bewegung in Kraft.

Beschleunigung

Kraft

DAS UNIVERSELLE BART'SCHE BEWEGUNGSGESETZ:
Was hoch fliegt, plumpst tief runter, Mann.

DAS FETTE ZEITALTER

1471 Graf Dracula geboren.

1492 Columbus biegt falsch ab und entdeckt Amerika.

1559 Erfindung des Speiseeis. Montezumas Rache — WER ZULETZT LACHT!...

DAS ZEITALT

1586 Francis Bacon erfindet das nach ihm benannte Frühstück mit Schinken.

DAS ZWEITE BART'SCHE BEWEGUNGSGESETZ:
Die Beschleunigung, die ein Körper durch eine unausgeglichene Kraft erfährt, ist direkt proportional zur Masse der Kraft und hängt ausserdem davon ab, ob die Kraft bewaffnet ist und wie laut sie brüllt.

DAS DRITTE BART'SCHE BEWEGUNGSGESETZ:
Wenn ein Körper eine Kraft auf einen zweiten Körper ausübt, übt der zweite Körper die selbe Kraft auf den ersten aus (d.h. jede Aktion bewirkt eine gleichstarke Reaktion).

DER KASPEREI — DAS LANGWIERIGE ZEITALTER

1630
Die Drei Musketiere erfinden die Stulpenstiefel, damit ihre Hosen nicht ganz wegrutschen.

1650
Piraten beherrschen die Weltmeere.

1687
Newton erfindet die Erdanziehungskraft, damit sich die Leute vor dem Schlafengehen nicht mehr am Bett festbinden müssen.

PROFESSOR BARTHOLOMEW VAN SIMPSON PRÄSENTIERT

DIE WISSENSCHAFT DER METHODISTISCHEN
Namologie
ODER: WIE MAN WIE EIN EXPERTE KLINGT, OHNE SICH ANZUSTRENGEN.

> FÜR JEDEN TORFKOPF DIE RICHTIGE BEZEICHNUNG, WIE ICH IMMER ZU SAGEN PFLEGE. NUN GUT, WIR ALLE KENNEN EINEN SCHWARM MÖWEN, EINE HERDE KÜHE, EINE RASSELBANDE AUFSÄSSIGER SCHÜLER - ABER WIE NENNT MAN EINE ANSAMMLUNG VON VERMIETERN ODER EINE GRUPPE VON SCHNAPSNASEN? LIES WEITER, MANN, UND TREIBE DEINEN WORTSCHATZ IN EHRFURCHTGEBIETENDE HÖHEN. UND WENN DICH DAS NÄCHSTE MAL JEMAND MIT EINEM NOBELPREISGEWINNER VERWECHSELT, WEISST DU JA, WEM DU DANKEN KANNST.

DAS ZEITALTER DER VERNUNFT

1692
Hexenverbrennung gross in Mode.

1740
George Washington hackt einen Kirschbaum um und gibt es auch noch zu.

1752
Benjamin Franklin läßt einen Drachen steigen und wird fast geröstet.

Ein Torkel voller Schnapsnasen
Ein Amok von Psychopathen
Ein Stichel Gerüchte
Eine Öde von Buchhaltern
Ein Schwuchtel von Friseuren
Eine Krieche von Ja-Sagern
Eine Zitter voll Schulanfängern
Eine Giere von Vermietern
Ein Zick junger Mädchen
Ein Schlamp von Mitbewohnern
Eine Nerve Pantomimen

Ein Nörgel von Kritikern
Eine Egozentre von Schauspielern
Ein Heuchel von Politiker
Eine Hetze voll Republikaner
Ein Stoppel voller Onkel
Ein Strick Pessimisten
Eine Abwarte von Unentschlossenen
Eine Leier Lehrer
Ein Gähn voller Komiker

Eine Pfusche von Redakteuren
Eine Verderbe voll Aufpasser
Eine Zank von Babysittern
Ein Grummel von Direktoren
Ein Schummel von Zauberern
Ein Fröstel voller Mörder
Eine Abzocke voller Fernsehprediger
Eine Schleiche von Dieben
Ein Murks voll Experten

Ein Heul von Babies
Eine Pest Perfektionisten
Eine Schiele von Astronomen
Eine Pauke von Schülern
Ein Schrei Bauchredner
Ein Mikado von Beamten
Eine Prügel von Schlägern
Ein Hauch von Mannequins
Eine Biege von Chiropraktikern
Ein Rettich von Ernährungsberatern
Ein Prahl von Seemännern
Ein Kicher voll Cheerleader
Ein Reibach von Millionären
Ein Fang Rechtsanwälte

DAS ZEITALTER DER ALBERNHEITEN

1760
In Frankreich werden Perücken bis zu zwei Meter hoch.

1789
Eine Menge Franzosen verlieren den Kopf.

SACRE BLEU!

1800
Davy Crockett erfindet die Waschbärmütze.

HOL' MICH DER DEIBEL

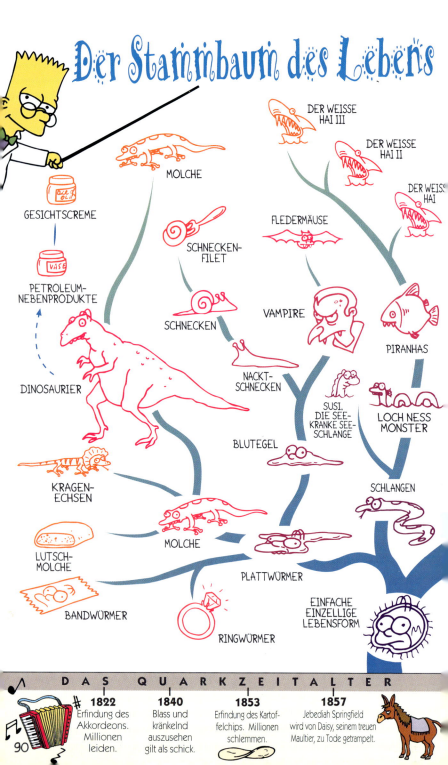

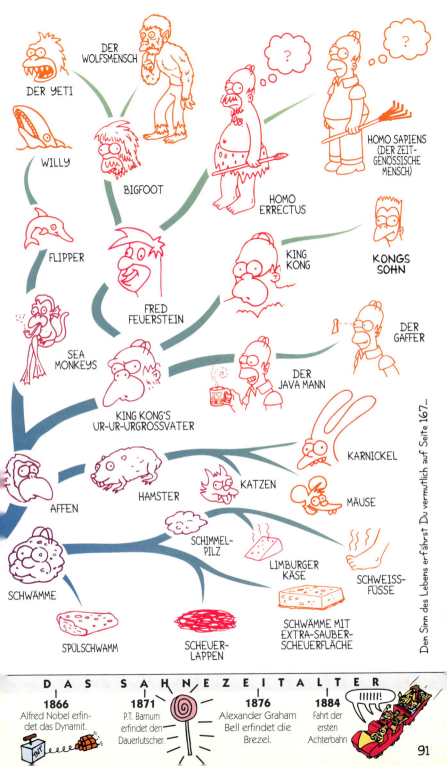

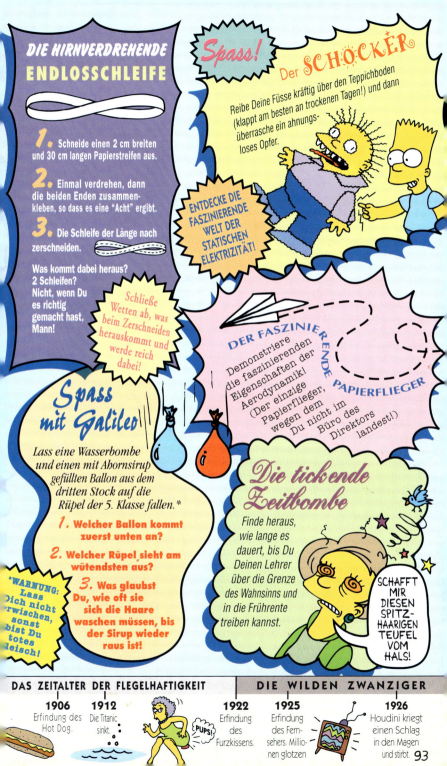

Sprache & Kommunikation

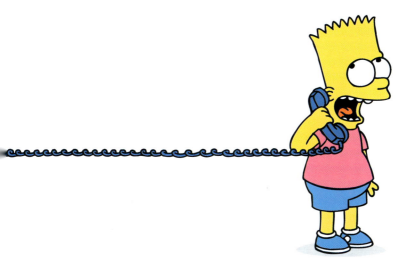

SPRACHEN

OPPISCH

Eine Alternative zum Schweinelatein – für wahre Kenner

Die Regel: Füge ein "op" hinter den ersten Konsonanten jeder Silbe ein. Zum Beispiel: "cool" wird zu "cop-ool", "Kumpel" wird zu "Kopum-pop-el" und "Skateboard" wird zu "Sop-kate-bop-oard." Und jetzt ein kompletter Satz! Spiessiges Deutsch: "Werd' nicht frech, junger Mann!" Oppisch: "Wop-erd nop-icht fop-rech, jop-unger Mop-ann!" Wenn ein Wort mit einem Vokal beginnt (abartig, Ignorant, Ellbogen), fängst Du das Wort einfach mit einem "op" an (op-ab-op-arop-top-ig, Op-Ig-opnorop-ant, Op-Ell-op-bopo-gopen.)

Halte diese Seite umgedreht vor einen Spiegel, um die Geheimnachricht in dem Kästchen zu lesen.

> DAS VERRÜCKTE, SEITENVERKEHRTE AUF DEM KOPF STEHENDE ALPHABET
>
> Werde zum Leonardo da Vinci Deiner Zeit! Auch er war verrückt und auf den Kopf verdrehen, dass er nach geheimagentischen Regeln schrieb. Man liest verwirrend, dass der Kopf, nur zu verkehrt und aus vielleicht auch Hubschraubergläubig richtig bis so nie funktionierten.
>
> Wenn Du den Sinn des Lebens ergründen willst, immer dran denken: ...... Ist am Seite auf platttete.

LASS UNS WUPPELN,[8] DU GROSSER, STARKER KARADAUTZ[9]!

1. VERSTEHEN
2. REDEST
3. WEICHBIRNE
4. LERNE
5. SEITEN
6. KOMMUNIZIERST
7. MANN
8. SCHMUSEN
9. PRACHTKERL

DAS INDUSTRIELLE ZEITALTER

1930 — Der erste Butterkeks wird gebacken. Die Backkunst erreicht in den Wahnsinn.

1937 — Die Hindenburg explodiert

1945 — Erste Atombombe gezündet.

DAS ATOMZEITALTER

1945 — Einführung des "Slinky".

1945 — Verdrehte "Slinkys" treiben Millionen in den Wahnsinn.

MANCHMAL SAGEN MEHR ALS TATEN WORTE

DEIN HANDLICHES NACHSCHLAGEWERK FÜR ALLE GESTEN DIESER WELT

Der gute alte Augenbrauen-Hochzieher
In Tonga bedeutet er "Ja" oder "Ganz meine Meinung". In Peru "Geld" oder "Bezahle mich". Und in den meisten westlichen Kulturen "Wow, Mama!".

Der Fingerspitzenküsser
Weit verbreitet in Europa und den meisten lateinamerikanischen Ländern. Bedeutet "Ahh, wunderbar!" oder "Bello!"

Der Ohrgreifer
Sich an das Ohr zu greifen, gilt in Indien als Zeichen für Reue oder Aufrichtigkeit. In Brasilien bedeutet eine ähnliche Geste Anerkennung.

Der Kopftipper
In Argentinien und Peru bedeutet er "Ich denke" oder "Denk' mal nach!" Überall sonst auf der Welt einfach "Der/die spinnt doch!"

Die lange Nase
In fast ganz Europa ein Zeichen für Spott. Eine Steigerung ist möglich durch den "Beidhändigen Nasenzeiger".

Der Zungenrausstrecker
In vielen westlichen Kulturen bedeutet der Zungenrausstrecker Verachtung oder Ablehnung gegenüber dem anderen.

Der Kopfnicker
In den allermeisten Ländern bedeutet diese Geste "Ja". Aber vorsicht: In Bulgarien und Griechenland bedeutet sie "Nein"!

Der Zwinkerer
In Taiwan gilt es als unhöfliche Geste, jemanden anzuzwinkern.

DAS GOLDENE ZEITALTER DER MONSTERFILME

1951 Rotzilla
1952 Radioactive Man wird radioaktiv.
1953 Hamstron – Der Hamster aus dem Weltraum
1957 Die Kreatur aus der schwarzen Latrine
1958 Die Gehirngabler

BEATNIKS BEHERRSCHEN DIE ERDE

Die horizontalen Hörner
In vielen europäischen Ländern dient diese Geste als Abwehr gegen böse Geister.

Die Handsäge
Wenn man in Kolumbien die Abmachung trifft, einen Gewinn zu teilen, hält man eine Hand mit der Innenseite nach unten und macht mit der anderen eine sägende Bewegung darüber.

Die vertikalen Hörner
In Brasilien und anderen Gebieten Südamerikas wünscht man Dir mit dieser Geste viel Glück. In Italien bedeutet sie dagegen, dass Dir jemand Hörner aufgesetzt hat...

Das Linke-Hand-Tabu
In vielen Kulturen gilt es als äusserst unfreundlich, jemandem mit der linken Hand etwas zu reichen, da diese dazu benutzt wird, sich zu waschen.

Der Unterarm-Hochreisser
Ist in den meisten Mittelmeerländern das Gegenstück zu "Friss meine Shorts!"

Der Handflächen-Schubs
In Nigeria gilt es als unanständige Geste, mit der Handfläche und gespreizten Fingern eine wegschiebende Bewegung zu machen

Der "Komm-mal-rüber"
Fast überall im Mittleren und Fernen Osten gilt es als Beleidigung, jemanden mit den Fingern zu sich zu rufen.

Der Fingerkreis
Bei uns bedeutet diese Geste soviel wie "Okay", in Brasilien ist sie unanständig, in Japan bedeutet sie "Geld" und in Südfrankreich soviel wie "Null" oder "wertlos".

Der Daumendrücker
In einigen Mittelmeerländern und Teilen Europas eine unanständige Geste der Verachtung. In Brasilien und Venezuela dagegen ein Zeichen für Glückwünsche.

Die verschränkten Arme
Verschränkte Arme sind auf Fidschi ein Zeichen für Respektlosigkeit, in Finnland eine Geste für Arroganz und Stolz.

DIE ÜBERGANGSPHASE

1958 Erstes Skateboard wird verkauft.

1960 Debut der "Sea Monkeys"

1963 Krusty, der Clown, beginnt seine Karriere mit einem Auftritt in der Treibsand Films Produktion "Die Clowns von Morgen".

ZEITALTER DES WASSERMANNS

1969 Aliens verpassen dem ersten Mann auf dem Mond eine Gehirnwäsche

WIE MAN SICH IN ALLER
NÜTZLICHE PHASEN FÜR INTERNATIONALE NERVENSÄG

Original Bartsprech	Fremdsprache	Schriftliche Übersetzung
NIX DA, MANN!	ITALIENISCH	´Ma vattene.
	CHINESISCH	没门，伙计．
	PORTUGIESISCH	Nem morta, filha.
	RUSSISCH	**ЛАЖА, ЧУВАК**
	FRANZÖSISCH	Pas de question, mon vieux.
	JAPANISCH	いや な こった よ．
	ENGLISCH	No way, man.
	SPANISCH	Ni loco, tio.
FRISS MEINE SHORTS	ITALIENISCH	Manco per le palle.
	CHINESISCH	滚 蛋．
	PORTUGIESISCH	Eu não tô nem aí.
	RUSSISCH	**НА-КА ВЫКУСИ**
	FRANZÖSISCH	Lâche moi la grappe.
	JAPANISCH	おい なめん な よ．
	ENGLISCH	Eat my shorts.
	SPANISCH	Chupame el culo.
MACH DIR NICHT INS HEMD, MANN!	ITALIENISCH	Non t'incazzare ragazzo.
	CHINESISCH	冷静一点 。
	PORTUGIESISCH	Fica frio, cara.
	RUSSISCH	**НЕ ПСИХУЙИ, ЧУВАК**
	FRANZÖSISCH	T'excite pas, mec.
	JAPANISCH	あんた ピリピリ する こと ない じゃん。
	ENGLISCH	Don't have a cow, Man.
	SPANISCH	No te calientes, hermano.

D A S   P E I N L I C H E   Z E I T A L T E R

Flitzer sind in Mode.

1973 Astronomen entdecken Uranusringe.

1974 Aufgrund eines bürokratischen Irrtums schafft Homer Simpson seinen Highschool-Abschluss.

Richard Nixon tritt in Schande zurück.

WELT UNBELIEBT MACHT
VON BARTHOLOMEW J. (FÜR "JE T'AIME") SIMPSON

Aussprache	Deutsche Entsprechung
Mah WAH-teh-neh.	Aber raus hier.
Mai mahn Huch-dschie..	Mein Mann hat Husten.
NEHEM MOOHRR-tah, filcha.	Nicht mal tot, Tochter.
Läh-szcha chuu-WAK.	Lauf zu, Kumpel..
Pah keh-stiohn, mohn wiEUH.	Pakistani, oder was, Alter?
ii-JAH neh Kouh-teh joh.	Ich mag keine Kutteln!
Noh weij, mähn.	Kein Weg, Mann.
nih LOH-Koh, TII-oh.	Nicht mal verrückt, Onkel.
MAHN-ko per lehPAH-PALLE.	Nicht mal für meine Eier.
GWIEN DEN	Roll ein Ei.
IEJUH nah-oh TOH NEJN AI-ii.	Ich hab ein Alibi!
Näh-käch WUUH-ii-kuu-sii.	Knäckebrot.
lash moah la GRAHP.	Lass mein Grappa in ruh.
OJ neh-MIN neh joh.	Hey, leck' mich nicht.
Iiht mei SCHORTS.	Friss meine kurzen Hosen.
Chu-PAH-me ei CUUlo.	Bespritz mich mit Cola.
Nohn tin-kah-TZARE-RaGa-zo.	Lass das Gezerre, Kleiner.
LANG DSCHING II-dii-ehn.	Lang hin und geniess.
Fii-KAH FrIOH, KAH-rah.	Immer schön kühl bleiben, Kumpel.
njeh poh-sei-HOO-ii, choh-WAK.	Sei kein Psycho, Mann.
teck-SIEHT pah, mehk.	Reg Dich nicht auf, Mann.
EHN-teh PII-rii-PEE-rii SOO-roo KOH-toh NEH-ii TSAHN.	Werd mal besser nicht "elektrisch."
Dohnt hhäf äh KAU, mähn.	Hab' mal keine Kuh, Mann..
noh tei cahli-EENTES, errr-manoh.	Und was ist mit den Kalorien, Mann?

DAS POLYESTERZEITALTER

Gerald Ford stürzt.

1975 Plateauschuhe sind in.

Freizeitanzüge machen Mode angenehmer.

Magische Steine und Stimmungsringe bedecken die Erde.

1976 "Pong" leitet die Ära der Videospiele ein.

WIE MAN SICH IN ALLER
PRÄSENTIERT VOM LIEBLING DER INTERNATIONALEN HI

Original Bartsprech	Fremdsprache	Schriftliche Übersetzung
AY CARAMBA!	ITALIENISCH	Mannaggia la miseria!
	CHINESISCH	见鬼!
	PORTUGIESISCH	Ai caramba!
	RUSSISCH	ЭХ, ТВОЮ МАТЬ !
	FRANZÖSISCH	Ay caramba!
	JAPANISCH	アレ　マア!
	ENGLISCH	Ay caramba!
	SPANISCH	Carajo!
ICH HABE EINE ANKÜNDIGUNG ZU MACHEN: MIR IST LANGWEILIG.	ITALIENISCH	Devo fare un importante annuncio: Sono scazzato.
	CHINESISCH	我要宣布一个通告. 我感到很无趣.
	PORTUGIESISCH	Eu tenho um anunciamento à fazer: Eu tô de saco cheio.
	RUSSISCH	**УСТАЛ Я СЛУШАТЬ**
	FRANZÖSISCH	J'ai une declaration à faire: Je me fais chier.
	JAPANISCH	みんな　ちょっと　ちょっと. つまら　ん.
	ENGLISCH	I have an announcement to make: I'm bored.
	SPANISCH	Tengo un anuncio: Estoy podrido.
AUS DEM WEG, MANN.	ITALIENISCH	Levati dalle palle.
	CHINESISCH	滚开.
	PORTUGIESISCH	Sai da frente, cara.
	RUSSISCH	**ОТВАЛИ**
	FRANZÖSISCH	Dégage, mec!
	JAPANISCH	あっち へ　行き な.
	ENGLISCH	Outta my way, man.
	SPANISCH	Salite del medio, loco!

D A S   I C H - Z E I T A L T E R   N E W

1980 Gier wird zur Religion. Millionen von Anhängern.

1982 Schulterpolster in.

Der Fez wird zum Modegag.

1989 Offene Gier kommt ausser Mode.

1990 Das Bart-Simpson-Zeitalter beginnt.

1991 Marge Simpson perfektioniert den Blaubeerkuchen.

WELT UNBELIEBT MACHT

-SOCIETY: BARTHOLOMEW J.. (FÜR "JET SET") SIMPSON

Aussprache	Deutsche Entsprechung
mah-NAHJ-jah lah mi-SEHRIAH!	Verdammtes Elend!
SCHII-IHN GWAIEH!	Mach mir den Hirsch!
Aii kah-RAMBA!	Ay caramba!
tah-WOIJ-oo MACHT!	Oh, Mama!
Aii-kah-ROMBA!	Ay caramba!
AEH-rai MAAAH!	Im Ernst!
AIIH CARÄMBA!	Ay caramba!
gkah-RACH-hoo!	Hossa!
DE-wo FAH-re uhn impor-TAHNTE ah-NUUN-sVschio: SOH-no skaw-TZA-toh.	Ich habe eine Ankündigung zu machen: Mir ist langweilig.
WOHR JOUH SCHOO-in-poo IIH-gah TOHN-gou: WOHR GAHN tou hang WUU lii-ou.	Ich habe eine Ankündigung zu machen: Mir hängt's zum Hals raus!
Ayoh ten-cho vom ah-NUUN-dschia-MEHN-to ah FAH-zyrh: Ayoh toh den Sako SHAi-joo.	Ich hab' eine Ankündigung zu machen: Mein Sakko sieht scheisse aus!
oo-STAHL ja SLOO-schihUHT.	Mag nicht mehr zuhören.
dschai unehdeKLARA-zion ah FEHR: dschahm fäi schiiai.	Ich möchte eine Erklärung abgeben: Ich mache mich selbst blöd.
mii-NAH SCHOO-toh SCHOO-toh. tzu-mah-RAH nn.	Jeder, der nascht, nimmt zu!
Eih häff en aNAUNzment tuh mäjk: eihm bohrrd.	Ich habe eine Ankündigung zu machen: Ich bin gelangweilt.
TENG-oh uun ah-NUUN-zii-oh: es-toij poh-DRIEH-doh.	Ich habe eine Ankündigung zu machen: Ich vergammle.
leh-WAH-tie DAH-leh PAH-lei.	Runter von meinen Eiern.
GWEN KIGH.	Roll weg.
SAI dah FREN-chee, KAHH-rah.	Geh' mir aus der Sicht, Kumpel.
uht-vah-LII.	Roll weg.
deij-GAHSCH, mehk.	Verschwinde, Mann!
Eh-DSCHII-ai ICH-KIH-NAH.	Geh weg!
AUDAH mei WIE, mähn.	Aus mein'm Weg, Mann!
sah-LIEH-teij del MAIJ-dii-oh, LOH-coh!	Geh da aus der Mitte weg, Spinner!

A G E | N E W   A G E | L I T E

1992 Dauerwerbesendungen werden unterhaltsamer als TV-Serien.

1993 Blaß und kränkelnd auszusehen ist in.

1993 Homer vergißt mal wieder Marges Geburtstag und stellt damit einen neuen Rekord auf.

Plateauschuhe sind wieder in.

Ende Gelände

9 HUNDE-RASSEN

DER WEDLER
(auch bekannt als Pinkeltöle, Fleckenmeister 2000 und Intelligenzbestie)
PRO: Freut sich immer, Dich zu sehen.
CONTRA: Pinkelt, wenn er sich freut.

DER SABBERER
(auch bekannt als Schaumschläger, Sir Sabberlot und Spuckeschleuder)
PRO: Kann wochenlang mit seinen eigenen Körperflüssigkeiten überleben.
CONTRA: Schleudert seinen Sabber auf alles – Dich eingeschlossen.

DER ALTE STINKER
(auch bekannt als Stinkbomber, schleichender Tod, Pestbeutel)
PRO: Anspruchslos.
CONTRA: Sein Gestank verfolgt Dich überall hin.

DER TRÄGLING
(auch bekannt als der Bettvorleger, Graf Schnarch, Schlafrolle)
PRO: Benötigt nur wenig Aufmerksamkeit.
CONTRA: Kann bereits wochenlang tot sein, bevor Du es merkst.

DER MINI-BIBBERER
(auch bekannt als Angstneuröschen, Winselmeier, Mister Bibber)
PRO: Tut immer, was Du sagst.
CONTRA: Lebt oft nicht lang.

BRUTUS MAXIMUS

(auch bekannt als Reisswolf, Fleischfetzer und "Braves Hündchen")
PRO: Kann Deine Feinde in Stücke reissen.
CONTRA: Könnte Dich mit Deinen Feinden verwechseln.

DER KLÄFFER

(auch bekannt als Töle, Wadenbeisser und Halt's Maul)
PRO: Guter Wachhund.
CONTRA: Lebt oft nicht lang.

DER PSYCHO

(auch bekannt als Mister Tücke, Springteufel und Lass-es-drauf-ankommen).
PRO: Mag Kinder.
CONTRA: Mag Kinder.

DER WUNDERHUND

(auch bekannt als Liebe meines Lebens, Bester Freund des Menschen und Süsser)
PRO: Hund Deiner Träume.
CONTRA: Kann sich von einem Augenblick zum nächsten in einen der 8 anderen Hundetypen verwandeln.

HUNDEJAHRE

Ein Jahr im Leben eines Menschen entspricht etwa 7 Hundejahren. Hier ein paar Zeitskalen zum Vergleich:

Entfernung von der Erde zum nächsten Stern (4 Lichtjahre) = 28 Hunde-Lichtjahre*

Zeit, die es durchschnittlich dauert, Deinen Hund zu baden (26 Minuten) = 3 Stunden und 2 Minuten in Hundejahren*

Zeit, bis man die Schule hinter sich hat (12 Jahre) = 84 Hundejahre*

Dauer eines hundslangweiligen Nachmittags (6 Stunden) = 42 Hundestunden*

Alter des Universums (60.000.000.000 Jahre) = 420.000.000.000 Hundejahre

SAMMEL-NAMEN FÜR TIERE

Eine Schule Wale   Eine Herde Kühe   Ein Schlag Tauben   Ein Wurf Ka[tzen]

GEHEIMNISSE

Die ganz normale Stechmücke in Deinem Schlafzimmer hat 47 Zähne.

DIE SEIDENRAUPE ist nicht aus Seide, sondern produziert Seidenfäden.

DER GOLDHAMSTER ist keine Kapitalanlage, sondern ein pelziges Nagetier, das mit dem Meerschweinchen verwandt ist.

Um in der Luft zu bleiben, muss eine Biene 250 Mal pro Sekunde mit den Flügeln schlagen.

DER WOLPERTINGER kommt nur in den bayrischen Bergen vor und wird erst nach dem dritten Mass Bier sichtbar.

Um 1 Kilo Honig zu sammeln und zu lagern (das entspricht der Produktion eines durchschnittlichen Bienenstocks an einem sonnigen Sammeltag), müssen 60.000 Arbeitsbienen in einer Stunde 3.000.000 Blumen bestäuben.

DER IGEL Nicht zu verwechseln mit dem gemeinen Egel, besitzt die beneidenswerte Fähigkeit, sich bei Gefahr zusammmenzukugeln.

Wanzen fangen begeistert an zu beißen, wenn sie menschliches He[...]

110

Ein Schwarm Bienen Eine Kolonie Gorillas Ein Rudel Wölfe Ein Stock Bienen

DER TIERWELT

Erstaunliche Tatsachen und faszinierende Erkenntnisse über unsere tierischen Freunde!

DER SILBERFISCH
ist weder aus Silber, noch ein Fisch. er ist ein Insekt, dass in dunklen, feuchten Orten lebt.

DER SIEBENTÖTER
ist ein ziemlich brutaler Zeitgenosse: Ein Vogel, der gefangene Insekten an Dornen aufspiesst.

Es gibt ca. 350.000 bekannte Käferarten.

Fossilien beweisen, dass es in der Urzeit Libellen mit Flügelspannweiten von über 60 cm gab.

DIE KONGO-SCHLANGE
ist weder eine Schlange, noch lebt sie in Kongo. Es ist eine mit dem Aal verwandte Amphibie mit zwei verkümmerten Beinpaaren, die in den Sümpfen im Süden der USA zu Hause ist.

DIE MEISE
hat keine, sondern heisst nur so.

Läufst Du immernoch dem Sinn des Lebens hinterher? Blättere auf Seite 91...

Ein einziges Paar Stubenfliegen kann, wenn es von April bis zum Spätsommer brütet, mehr als 190.000.000.000.000.000.000 Nachkommen haben.

DIE QUALLE
ist dieses matschige Ding, das bei Ebbe am Strand herumliegt. Einige Arten davon sind hochgiftig und können Verbrennungen hervorrufen.

DAS MEERSCHWEINCHEN
Kommt weder aus dem Meer, noch ist es ein Schwein. Es ist ein pelziges Nagetier, das mit dem Goldhamster auf der anderen Seite verwandt ist.

Ein Staat Ameisen Eine Brut Ottern Ein Nest Ratten Eine Rotte Wildhunde Ein Netz Spinnen Ein Käfig Vögel ein Teich Enten

Ein Labor Ratten Eine Meute Hunde Ein Ohr Esel Ein Trog Schweine Eine Schule Wale

s.e.x.

Die 8 schleimigsten Liebesschnulzen aller Zeiten:

1 MEINE KNIE SCHWITZEN (WENN DU BEI MIR BIST)
~ Flex Dildo

2 ICH WÜRD' FÜR DICH 'NEN EIMER LEBER ESSEN
~ Ding & und die Dongs

3 PUPSIE! PUPSIE! PUPSIE!
~ Karl Kraus und seine Polka-Cowboys

4 REISS' MEIN HERZ IN TAUSEND STÜCKE UND SERVIER' ES MIT SPINAT
~ Zampano und Domina Sauer

5 DU BIST MEIN HERZ, DU BIST MEINE SEELE
~ Modernes Gesülze

6 DEINE PICKEL LEUCHTEN WIE STERNE IN DER NACHT
~ Howard Karpfenteich

7 ICH BIN WIE WACHS IN DEINEN OHREN
~ Die Hinterstedter Bauernbuben

8 WENN DU MICH JEMALS VERLÄSST, WERDE ICH DICH UMBRINGEN
~ Peter Psycho

TRADITIONELLE LIEBESLIEDER AUF DEM SCHULHOF

> LISA UND MARTIN SITZEN IM SCHULBUS ERST HALTEN SIE DIE HÄNDE DANN GEBEN SIE SICH 'NEN KUSS BALD HAT DER SPASS EIN ENDE, WEIL SIE DANN NUR NOCH STREITEN, WER DEN KINDERWAGEN SCHIEBEN MUSS!

Die ordinäre Version

> ICH STEH' NICH' AUF SCHNEEWITTCHEN, ICH STEH' NICH' AUF DORNRÖSCHEN, ICH STEH NUR AUF (NAMEN DER/DES ANGEBETETEN EINSETZEN)'S HÖSCHEN!

> HERR LEHRER, HERR LEHRER, ICH HAB (NAMEN DER/DES ANGEBETETEN EINSETZEN)'S NACKTEN ARSCH GESEHEN!

SCHULH
EINE EINFÜHRUNG I

Geliebte Erinnerungen

(Die wertvollsten Trophäen liebeskranker Grundschüler)

♥ Der blaue Fleck an meinem Arm, wo mich ihre Faust das erste Mal traf.

♥ Die Haarlocke, die ich ihr ausgerissen habe.

♥ Der "Rotzer", den sie auf mich losgelassen hat.

♥ Die Morddrohung, die sie mir geschickt hat.

♥ Das Veilchen, das ich von ihr habe.

♥ Die bleibende Narbe, die ich ihr verdanke und die ich mein Leben lang hegen und pflegen werde.

> ICH GLAUB', SIE LIEBT MICH WIRKLICH!

ALARMSIGNALE

Wie Du merkst, daß Dich jemand mag!

Sie:
- ♥ jagen Dich über den Schulhof
- ♥ fangen ganz peinlich an zu kichern, wenn sie Dich sehen.
- ♥ machen sich über Dich lustig.
- ♥ ignorieren Dich.
- ♥ rufen bei Euch zuhause an und legen auf, sobald Du den Hörer abhebst.
- ♥ beleidigen Dich.

Was Du dagegen tun kannst:

Nur keine Panik. Ruhig bleiben. Je weniger Du sie beachtest, desto hektischer werden sie. Also immer schön cool bleiben.

...OF-ROMANZEN
...IE LIEBE FÜR VERWIRRTE TEENIES

DIE SPRACHE DER LIEBE

Und denke immer an das uralte Mysterium aller Schulhof-Romanzen: HASS=LIEBE Je mehr sie so tun, als würden sie Dich hassen, desto mehr lieben sie Dich in Wirklichkeit!*

*Außer natürlich, sie hassen Dich tatsächlich.

BART UND LISAS TOP 10 der G
MÄDCHE

1. Sie riechen immer nach Kaugummi: ERDBEER-GESCHMACK.

2. Sie wollen nie rumtoben.

3. Die alberne, mädchenhafte Art, mit der sie ständig hinter Deinem Rücken über Dich tuscheln.

4. Ihr hirnloses Gekicher.

5. Sie ziehen sich gegenseitig durch den Dreck.

6. Sie tun immer so überlegen, nur um Deine Aufmerksamkeit zu erregen.

7. Sie sagen alle möglichen Sachen zu Dir, nur um zu sehen, wie Du darauf reagierst.

8. Sie kämmen ununterbrochen ihre Haare.

9. Sie sind ja soooo fies.

10. Wir haben nichts mit ihnen gemeinsam.

DIE OFFIZIELLE BART

BABIES: WO KO

Alle sind ganz verrückt nach knubbeligen kleinen Babys, stimmt's? Aber wo kommen diese schrumpligen kleinen Pakete aus schreiender menschlicher Biomasse wirklich her? Unser Mann von der Strasse, Bartholomew J. (für jetzt aber raus damit!) Simpson hat Springfields angesehensten Bürgern genau diese Frage gestellt. Hier sind die Antworten.

MARGE SIMPSON
"Ähm... Dein Vater wird's Dir erklären, wenn er nach Hause kommt."

RALPH WIGGUM
"Meine Eltern sagen, sie hätten mich über ein Versandhaus bestellt."

JANEY POWELL
"Ich glaube, der Milchmann bringt sie."

TODD FLANDERS
"Ich bin mir nicht ganz sicher, aber ich glaube allein für diese Frage kannst Du in die Hölle kommen."

MILHOUSE VAN HOUTEN
"Sie werden am Nordpol von den Elfen des Weihnachtsmanns gemacht."

GROUNDSKEEPER WILLIE
"Stell mir diese Frage noch mal, Söhnchen, und Du kannst Deine kleine Umfrage vom Grund eines Brunnens weiterführen."

LEWIS
"Man kann sie am Telefon bestellen, wie 'ne Pizza, nur dass die Lieferung neun Monate dauert. Aber wenn zu spät geliefert wird, ist das Baby umsonst."

BARNEY GUMBEL
"Oh mein Gott! Bin ich schon wieder schwanger?!"

MOE
"Keine Angst, Barney. Ich mach' schon noch 'nen anständigen Kerl aus Dir."

EDNA KRABAPPEL
"Skrupellose Ehemänner machen sie mit ihren jungen, heiratsfähigen Sekretärinnen. Die besten Jahre meines Lebens habe ich so einem geopfert, und jetzt macht er einen auf glückliche Familie mit dieser Tittenmaus aus dem Sekretariat. So, bist Du jetzt zufrieden?"

LISA SIMPSON
"Ich weiss nur, dass Du das Ergebnis eines fehlgeschlagenen bio-genetischen Experiments bist. Aber ich musste Mom und Dad versprechen, nie was darüber zu erzählen, - also, wenn Du sie fragst, werden sie alles abstreiten."

SIMPSON UMFRAGE
...MMEN SIE HER?

 KRUSTY DER CLOWN
"Weil Krusty jeden Tag so viel Post von Euch erhält, kann er Deine Frage leider nicht beantworten. Immer schön einschalten, Kids!"

 SIDESHOW MEL
Keine Antwort/Hupende Geräusche

 NELSON MUNTZ
"So wie Du aussiehst, würde ich sagen, aus dem Zoo. Har, har!"

 JASPER
"Gries?! Nein Danke, hatte ich schon zum Frühstück..."

 KENT BROCKMAN
"Babies? Babies... mal überlegen... hmmm... warum fragst Du nicht unseren Praktikanten von der Uni da drüben?"

 GRAMPA SIMPSON
"Gebiss?! Hab' ich das nicht im Mund? Himmelnochmal, wo steckt es denn nun wieder? Hallo? Hat jemand meine Zähne gesehen?"

 SHERRI AND TERRI
"Dummkopf! Jeder weiss doch, dass der Klapperstorch sie in Deinen Schornstein wirft."

 HOMER SIMPSON
"Frag Deine Mutter."

Psychologie

KÖRPERSPRACHE

WIE DU ERKENNST, DASS DICH JEMAND BELÜGT:

ICH SCHWÖRE!

1) Die Person vermeidet, Dir in die Augen zu sehen oder versucht verzweifelt, Deinem Blick standzuhalten.

2) Die Person fummelt nervös an ihrer Kleidung herum.

EHRENWORT!

3) Der Person bricht der Schweiss auf der Stirn aus.

4) Über dem Kopf der Person erscheinen Stinkelinien.

GANZ EHRLICH!

5) Wenn Du neben den Kopf der Person schaust erkennst Du einen Unterschied zwischen dem, was sie sagt und dem Inhalt der Denkblase.

DEPP!

WAS DIR DIE KÖRPERHALTUNG VERRÄT:

DER COOLE
(Arme vor der Brust verschränkt)
-- Du kannst mir gar nichts!

DER GROSSE BOSS
(Hände an den Hüften, Arme in die Seite gestemmt)
-- Tu was ich sage und Du wirst nicht ganz so streng bestraft, wie die anderen.

DER EXTROVERTIERTE
(steht auf Zehenspitzen, Arme weit ausgebreitet)
--Ich fühle mich mit meinem penetranten Geselligkeitstrieb sehr wohl.

DER GEKRITZELTE
(unentzifferbares Bündel von Schmierlinien)
--Autor hat keine Lust mehr zum Zeichnen.

DER GROBIAN
(aufgeblasene Brust, Arm hält grosses, knüppelähnliches Objekt)
-- Du bist totes Fleisch, Mistkerl.

DER SCHULVERSAGER
(liegende Haltung, Augen geschlossen)
-- Pssst! Ich halte ein Nickerchen.

DAS GENIE
(liegende Haltung, Augen in tiefer Konzentration geschlossen)
-- Pssst! Ich denke nach.

WIE DU DIE VERSCHIEDENEN STIMMUNGEN DEINER ELTERN AN IHREM GESICHT ABLESEN KANNST
-- ein Führer durch die Welt der subtilen Gesichtsausdrücke, und was sie über die facettenreichen Persönlichkeiten, die wir Mutti und Vati nennen, verraten.

ÄRGERLICH

WAS KOPFBEDEK-KUNGEN VERRATEN:

HAARNETZ
– – Haare sind wertvoller Besitz, der um jeden Preis beschützt werden muss.

DUSCHKAPPE
– – Verhindert, dass Ausserirdische meine Gedanken kontrollieren können.

NARRENKAPPE
– – Ich hab' doch nur Spass gemacht, als ich Dich alter Schreihals genannt habe.

BASKENMÜTZE
– – Ich dreh' meine Zigaretten selber.

LAMPENSCHIRM
– – Gib mir noch 'nen Drink, und ich führe meinen berühmten Moonwalk vor.

COWBOY-HUT
– – Ich bin ein knorriger Individualist, so wie jeder andere auch.

CHEFKOCHMÜTZE
– – Verdamm' mich, ich hab schon wieder die Würstchen verbrannt.

SOMBRERO
– – Wo geht's zum Damenklo?

Noch immer verwirrt? Den wahren Sinn des Lebens erfährst Du auf Seite 20...

WAS DIE HÄNDE VERRATEN:

HANDLUNG	BEDEUTUNG
Ununterbrochenes Fingertrommeln.	Dein Benehmen fängt an, mich ein klein wenig zu irritieren.
Finger massieren die Schläfen.	Ich fürchte, Dein jugendlicher Überschwang wächst mir langsam über den Kopf.
Hände wie zum Gebet zusammengelegt.	Ich flehe Dich an, hör mit diesem Tumult auf, oder ich sehe mich gezwungen, andere Seiten aufzuziehen.
Hände zu Fäusten geballt.	Meine Nerven sind zum Zerreissen gespannt, und ich kann meine Wut nicht mehr lange kontrollieren.
Knöchel färben sich weiss.	Ich fühle, wie mein Blutdruck rasend schnell steigt.
Hände um Deinen Hals	Dein Benehmen bereitet mir Anlass zur Sorge und ich sehe mich gezwungen, erzieherisch auf Dich einzuwirken.

WÜTEND	AUFGEBRACHT	ZORNIG	STINKIG	WUTSCHNAUBEND	FUCHSTEUFELSWILD	RASEND	HUNGRIG

ECHTO PHOBIEN

Acousticaphobie
– Angst vor Lärm

Amathophobie
– Angst vor Staub

Amaxophobie
– Angst, mit einem Auto zu fahren

Anuptaphobie
– Angst, Single zu bleiben

Autophobie
– Angst vor sich selbst

Blennophobie
– Angst vor Schleim

Bolshephobie
– Angst vor dem Bolschevismus

Cathisophobie
– Angst vorm Sitzen

Chaetophobie
– Angst vor Haaren

Cherophobie
– Angst vor Heiterkeit

Ecophobie
– Angst vor dem Zuhause

Hedonophobie
– Angst vor Wohlbefinden

Hypengyophobie
– Angst vor Verantwortung

Kinesophobie
– Angst vor Bewegung

Laliophobie
– Angst vorm Sprechen

Lilapsophobie
– Angst vor Tornados

Linonophobie
– Angst vor Fäden

Macrophobie
– Angst vor langen Wartezeiten

Megalophobie
– Angst vor grossen Dingen

Melissophobie
– Angst vor Bienen

Metrophobie
– Angst vor Gedichten

Nebulaphobie
– Angst vor Nebel

Papaphobie
– Angst vor dem Papst

Philophobie
– Angst, sich zu verlieben

Placeophobie
– Angst vor Grabsteinen

Pogonophobie
– Angst vor Bärten

Poloticophobie
– Angst vor Politikern

Pteronophobie
– Angst, mit Federn gekitzelt zu werden

Rhytiphobie
– Angst, Fältchen zu bekommen

Septophobie
– Angst vor verwesenden Dingen

Soceraphobie
– Angst vor Schwiegereltern

Sophophobie
– Angst vorm Lernen

Stasibasiphobie
– Angst vorm Stehen

Stygiophobie
– Angst vor der Hölle

Tapinophobie
– Angst vor kleinen Dingen

Technophobie
– Angst vor Kunst und Handwerk

Triskadekaphobie
– Angst vor der Zahl Dreizehn

Uranophobie
– Angst vor dem Himmel

Verbophobie
– Angst vor Wörtern

Xylophobie
– Angst vor hölzernen Gegenständen

Pantophobie
– Angst vor allem

Phobophobie
– Angst vor der Angst selbst

Wie Du Deine PHOBI

Jetzt mal gut zuhören. Deine Ängste können sehr nützlich für Dich sein, Mann. Mit den folgenden, klinisch getesteten, Techniken kannst Du Dich so ungefähr vor allem drücken. Mit den besten Empfehlungen von Dr. Bartholomew J. Simpseün.

Napoleon litt unter Aelurophobe, der Angst vor Katzen.

Degas wurde kotzübel, wenn er nur in die Nähe von Blumen oder Parfüm kam.

Du brauchst nur ein paar griechische Wortstämme zusammenzufügen und ein "phobie" ans Ende zu packen. Du willst keine Innereien mehr zum Mittagessen? Kein Problem...

> SORRY, MOM. ICH LEIDE UNTER PHAGOHEPAROPHOBIE. ICH KANN NIE WIEDER LEBER ESSEN.

Thomas Hobbes fürchtete sich im Dunkeln und schlief nur bei brennendem Licht.

oder

> ICH WÜRDE DICH JA WIRKLICH GERN KÜSSEN, TANTE SELMA, ABER ICH HABE LIPORHINOPHOBIE.

oder am allerbesten

> ACH MENSCH, MISS KRABAPPEL, WENN ICH NICHT UNTER DIESER SCRIPTERGOPHOBIE LEIDEN WÜRDE, HÄTTE ICH MEINE HAUSAUFGABEN RECHTZEITIG FERTIG MACHEN KÖNNEN!

# ...EN für Dich arbeiten lässt!

Winston Churchill half sich mit einem netten Trick über sein Lampenfieber hinweg. Er stellte sich einfach vor, dass jeder in seinem Publikum ein Loch im Strumpf hätte.

Die 6 Anzeichen einer Phobie:
1. Rasender Puls   2. Feuchte Hände
3. Flacher Atem   4. Erhöhter Blutdruck
5. Muskelanspannung   6. Nasse Hose

Und jetzt bist Du dran! Kombiniere einfach ein paar der folgenden Wörter und finde heraus, wie weit Du damit kommst.

Griechisch – Deutsch

aero – Luft	gluco – süss	phono – Stimme, Geräusch
amatho – Staub	gymn – nackt	ploss – Zunge
anemo – Wind	hagio – heilig	presby – alt
athlet – Wettbewerb	hepar – Leber	psycho – Seele, Verstand
biblio – Buch	herp – kriechen	rhino – Nase
caco – schlecht	hygro – feucht	sauro – Echse
chaeto – Haar	hypno – schlafen	scop – betrachten
cholero – Wut	kara – Kopf	script – schreiben
choreo – tanzen	lalia – reden	skelet – trocken, hart
copro – Dünger	latr – anbeten	sphaira – Kugel
derma – Haut	lep – schuppig	tacho – schnell
didacto – lehren	lipo – fett	taph – Beerdigung
dys – schlecht, krank	myco – Pilz	tempo – Zeit
eco – Haus	odonto – Zahn	thana – Tod
emet – kotzen	oion – Ei	topo – Ort
ergo – Arbeit	orat – sprechen	tribo – reiben
eroto – Sex, Verlangen	oxy – scharf	uro – Urin
galacto – Milch	pater – vater	xeno – Gast, Fremder
gastero – Magen	phago – essen	
	philo – lieben	

mycogalactophobie – Angst vor Schimmelkäse
cacoerophobie – Angst vor schlechtem Atem
hypnotopophobie – Angst vorm Bettenmachen
gymnogasterophobie – Angst vor nackten Bäuchen
tribodontophobie – Angst vorm Zähneputzen
sphairachaetophobie – Angst vor Haarballen
glucodermaphobie – Angst vor der "Haut", die sich auf Deinem heissen Kakao bildet, wenn Du ihn zu lange stehen lässt

DR. MARVIN MONROE ERKLÄRT
DIE 3 ARTEN DES DENKENS

Du solltest wissen, dass Dein Gehirn, so wie die Erde, in zwei Hemisphären unterteilt ist – eine rechte und eine linke. Bei den meisten Menschen ist eine dieser Hemisphären dominant. Und dadurch werden oft die Persönlichkeit, die Begabungen, Fertigkeiten und Denkweisen eines Menschen bestimmt... es sein denn, dass ein Mensch zum Gehirntyp Nummer 3 zählt. In diesem Gehirn möchte keine der beiden Hemisphären irgend einen Beitrag zu Persönlichkeit, Begabung, Fertigkeit oder auch nur zur einfachsten Entscheidung leisten.

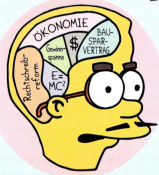

NR. 1 DER LINKS-HIRNER

Übergründlich, einseitig, unbedeutend & verklemmt. Diese Menschen werden oft Erbsenzähler, Computerfreaks oder Finanzbeamte.

NR. 2 DER RECHTS-HIRNER

Selbstgefällig, schöngeistig und weltfremd. Diese Menschen werden oft Künstler, Dichter, Comiczeichner oder Strassenpantomimen.

NR. 3 DER NIX-HIRNER

Dumm wie Weissbrot & doof, aber glücklich. Werden oft Politiker, Models oder Fernsehautoren.

Recht & Ordnung

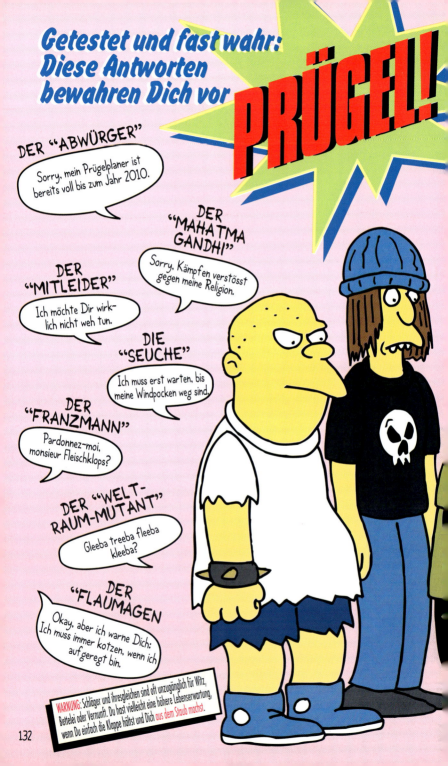

SIE HABEN KEINE LUST MEHR, DEN GANZEN TAG IM BÜRO ZU H
EINEN PFENNIG ZU GEWINNEN? EIN BANKÜBERFALL IST IHNEN Z

LIONEL HUTZ' SEMINAR

FÜR RICHTI

MIT LIONEL HUTZ' KUNST-FEHLER-SEMINAR HAB' ICH TAUSENDE VERDIENT!

WENN ER'S BEI MIR GESCHAFFT HAT, SCHAFFT ER'S AUCH BEI IHNEN!

BEKANNT AUS FUNK UND FERNSEHEN

WÄHLEN Sie aus unserer Kartei von erfahrenen Augenzeugen!
- "Sicherheitsbeamte a. D."!
- "Verkehrsteilnehmer"!
- "Arbeitskollege"!
- "Medizinische Autorität"!

LERNEN SIE WIE MAN

- *vor Schmerz* **SCHREIT!**
- **SICH** *vor Krämpfen* **WINDET!**
- *vor Leid* **JAMMERT!**
- *vor Elend* **STÖHNT!**
- *wie gedruckt* **LÜGT!**

Lernen Sie Ihre Akte auswendig und überzeugen Sie durch Standhaftigkeit!

Dr. Nick Riviera, unser "Mediziner" vom Dienst und einer unserer hauptberuflichen Augenzeugen!

EINSATZ VON HILFSMITTELN

- *Wie man eine Nackenkrause anlegt!*
- *Rollstühle: Grundlegende Steuerungstechniken*
- *Kopfverbände: Grosse Wirkung – kleiner Aufwand*
- *Krücken: Mehr als nur Humpeln am Stock!*

UNSERE GARANTIE: EGAL, OB SIE GEWINNEN ODER VERLIEREN – WIR GARANTIEREN IHN

Wahre GESETZE DER USA,

WILBUR, WASHINGTON
Bis zu 300 $ Strafe, wenn Du auf einem hässlichen Pferd reitest.

GARFIELD COUNTY, MONTANA
Du darfst keine lustigen Gesichter auf Deine Fensterläden malen.

PORTLAND, OREGON
Du kannst in den Knast wandern, wenn Du ohne angemessene Kleidung badest.

HOOD RIVER, OREGON
Das Jonglieren ohne amtliche Jongleur-Lizenz ist polizeilich verboten.

NORD DAKOTA
Mit Deinen Schuhen einzuschlafen ist verboten.

MONTANA
Eine Ehefrau macht sich strafbar, wenn sie die Post ihres Mannes öffnet.

BELVEDERE, KALIFORNIEN
An öffentlichen Plätzen müssen Hundehalter eine Leine tragen.

HUUP! HUUP!

WATERLOO, NEBRASKA
Zwischen 7 und 19 Uhr dürfen Friseure keine

SAN FRANCISCO, KALIFORNIEN
Es ist nicht gestattet, auf die Kleidung anderer Leute zu spucken.

NEVADA
Auf Autobahnen sind Kamele als Transportmittel nicht zugelassen.

YUKON, OKLAHOMA
Patienten dürfen ihren Zahnärzten keine Zähne ziehen.

KALIFORNIEN
Die Entenjagd aus Flugzeugen ist verboten.

NORMAL, OKLAHOMA
Es ist verboten, Hunden eine Grimasse zu ziehen..

LOS ANGELES, KALIFORNIEN
Du darfst nicht zwei Babys gleichzeitig in der selben Wanne baden.

CARRIZOZO, NEW MEXICO
Unrasierte Frauen sind in der Öffentlichkeit nicht zugelassen.

HAWAII
Die Teilnahme an Schwimmwettbewerben ist nur ohne das Tragen von Schwimmwesten erlaubt.

FAIRBANKS, ALASKA
Du wanderst in den Knast, wenn Du einem Elch Alkohol gibst.

Vergiß das Gesülze, das sie Dir in der Schule eintrichtern. Die USA sind nicht das Land der unbegrenzten Möglichkeiten – in Wirklichkeit gibt es für alles und jeden ein Gesetz! Wenn Du mir nicht glaubst, fahr nach Memphis und hol an einem Sonntag Dein Jo-Jo aus der Tasche. Falls Du auf frischer Tat ertappt wirst, befolge diese drei einfachen Regeln: Ich hab' nichts gemacht! Keiner hat mich dabei gesehen! Ihr könnt mir nichts beweisen! Wenn das nicht hilft, plädiere auf geistige Unzurechnungsfähigkeit. Ich kann Dir das jederzeit bestätigen, Mann.

INTERNATIONAL FALLS, MINNEAPOLIS
Katzen ist es gesetzlich verboten, Hunde auf Telefonmasten zu jagen.

ROCHESTER, NEW JERSEY
Kindern ist es untersagt, "Zigarettenstummel sammeln" als Hobby zu betreiben.

NEW HAMPSHIRE
Es ist ungesetzlich, Margarine pink zu färben.

MICHIGAN
Das Haar einer Frau gehört per Gesetz einzig und allein ihrem Ehemann.

CONNECTICUT
Du kannst eingelocht werden, wenn Du versuchst, Deinen Hund zu erziehen.

HOMER, ILLINOIS
Nur Polizisten dürfen Steinschleudern mit sich herumtragen.

PENNSYLVANIA
Babysittern ist es untersagt, den Kühlschrank zu plündern.

SOUTH BEND, INDIANA
Affen ist es gesetzlich verboten zu rauchen.

MARYLAND
Löwen dürfen nicht ins Kino mitgenommen werden.

TENNESSEE
Das Fangen von Fischen mit einem Lasso ist verboten.

ELKHART, INDIANA
Friseuren ist es verboten, Kindern zu drohen, sie würden ihnen die Ohren abschneiden, wenn sie nicht ruhig sind.

VIRGINIA
Wenn Du ein Bad nehmen willst, bist Du gesetzlich verpflichtet, Dir eine ärztliche Erlaubnis einzuholen.

SACO, MONTANA
Frauen machen sich strafbar, wenn sie Hüte tragen, die kleine Kinder erschrecken könnten.

NATCHEZ, MASSACHUSETTES
Elefanten ist es verboten, ein Bierchen zu zischen.

MIAMI, FLORIDA
Männern ist es strengstens untersagt, in der Öffentlichkeit trägerlose Kleider zu tragen.

HOUSTON, TEXAS
Es ist nicht erlaubt, an den Sonntagen Limburger Käse, Gänseleber oder Roggenbrot zu kaufen.

SARASOTA, FLORIDA
Lass Dich nicht dabei erwischen, im Bikini zu singen, sonst kannst Du die nächste Strophe als Knastvogel trällern.

Um den Sinn des Lebens zu enträtseln, blättere auf Seite 82...

Weihnachten

DAS SPRICHT DAFÜR

Er tritt im Fernsehen auf.

Millionen Menschen können sich nicht irren.

Weihnachtliche Ohrwürmer.

Geschenke unterm Tannenbaum.

Alle Jahre-Wieder-Weihnachts-Specials im TV.

Wundersames Verschwinden der Weihnachtsplätzchen.

Er ist ein Bestandteil unseres kostbaren Kulturgutes.

Der Nordpol ist auf den meisten Landkarten eingezeichnet.

Seltsame Dinge gehen vor sich.

Engel.

Unsere Eltern würden uns nie anlügen.

GIBT ES WEIHNAC

SEID GEGRÜSST, MEINE LEICHTGLÄUBIGEN FREUNDE. AN DIESER STELLE DES BUCHES WOLLEN WIR EINER URALTEN FRAGE NACHGEHEN: GIBT ES DEN WEIHNACHTSMANN WIRKLICH ODER IST ER NUR DIE KRANKE ERFINDUNG GESTÖRTER WERBESTRATEGEN UND TV-PRODUZENTEN? DIE ENTSCHEIDUNG LIEGT BEI DIR, MANN.

ANONYME OBER-VERSAGER SPENDE

TEN WIRKLICH?

ABER EINS LASS DIR GESAGT SEIN: WENN DU DICH DAFÜR ENTSCHEIDEST, DASS DER WEIHNACHTSMANN NUR EIN RIESENSCHWINDEL IST UND DU NÄCHSTES JAHR WEIHNACHTEN NUR EINEN SACK KOHLEN BEKOMMST, DANN HEUL MIR NICHT DIE OHREN VOLL, MANN!

WAS DAGEGEN SPRICHT

Er arbeitet in dutzenden Kaufhäusern gleichzeitig.

Die Leute glauben sowieso alles.

Wieso bekommt man Geschenke, obwohl man nicht artig war?

Warum gibt der Weihnachtsmann den Kindern von reichen Leuten mehr Geschenke als denen von armen?

Weihnachts-Werbung im TV.

Unter dem Mistelzweig darf Dich jeder küssen.

Er ist die Verkörperung hemmungsloser Konsumsucht.

Wer zum Teufel würde freiwillig am Nordpol wohnen?

Woher kennt ein Fremder Deine Schuhgrösse?

Engel.

Werd' erwachsen, Mann.

WEIHNACHTSFALLE

10. Schleuder wird ausgelöst, Stein zischt durch Zimmer.

9. ...entzündet Kerze und brennt Faden durch.

8. Licht wird durch Brennglas verstärkt...

7. Flaschenrakete schaltet Schreibtischlampe ein.

6. Streichholz wird an Sandpapier entzündet und startet Flaschenrakete.

5. Popcorn flippt auf Schaufelrad und bringt es zum Drehen.

4. Wippe schaltet Popcornmaschine ein.

DER 12-TAGE-WEIHNACHTS-COUNTDOWN

Am **12.** Tag vor Weihnachten kam ein cooler Kerl und gab mir **EIN BONGO MIT 'NEM ZIEGENBART.**

Am **11.** Tag vor Weihnachten kam ein cooler Kerl und gab mir **ZWEI MONSTERTRUCKS** und ein Bongo mit 'nem Ziegenbart.

Am **10.** Tag vor Weihnachten kam ein cooler Kerl und gab mir **DREI SKATEBOARDS,** zwei Monstertrucks und ein Bongo mit 'nem Ziegenbart.

Am **9.** Tag vor Weihnachten kam ein cooler Kerl und gab mir **VIER KRUSTY-PUPPEN,** drei Skateboards, zwei Monster Trucks und ein Bongo mit 'nem Ziegenbart.

Am **8.** Tag vor Weihnachten kam ein cooler Kerl und gab mir **FÜNF UNANSTÄNDIGE TÄTOWIERUNGEN,** vier Krusty-Puppen, drei Skateboards, zwei Monstertrucks und ein Bongo mit 'nem Ziegenbart.

Am **7.** Tag vor Weihnachten kam ein cooler Kerl und gab mir **SECHS GALAKTISCHE TODESSTRAHLER** FÜNF UNANSTÄNDIGE TÄTOWIERUNGEN, vier Krusty Puppen, drei Skateboards, zwei Monstertrucks und ein Bongo mit 'nem Ziegenbart.

Am **6.** Tag vor Weihnachten kam ein cooler Kerl und gab mir **SIEBEN GEFÄLSCHTE T-SHIRTS,** sechs galaktische Todesstrahler, FÜNF UNANSTÄNDIGE TÄTOWIERUNGEN, vier Krusty-Puppen, drei Skateboards, zwei Monstertrucks und ein Bongo mit 'nem Ziegenbart.

Wenn Du immer noch den Sinn des Lebens ergründen willst, blättere auf Seite 23....

Am **5.** Tag vor Weihnachten kam ein cooler Kerl und gab mir **ACHT JUMBO SQUISHEES,** sieben gefälschte T-Shirts, sechs galaktische Todesstrahler, FÜNF UNANSTÄNDIGE TÄTOWIERUNGEN, vier Krusty-Puppen, drei Skateboards, zwei Monstertrucks und ein Bongo mit 'nem Ziegenbart.

Am **4.** Tag vor Weihnachten kam ein cooler Kerl und gab mir **NEUN SPRINGENDE KRÖTEN,** acht Jumbo Squishees, sieben gefälschte T-Shirts, sechs galaktische Todesstrahler, FÜNF UNANSTÄNDIGE TÄTOWIERUNGEN, vier Krusty-Puppen, drei Skateboards, zwei Monstertrucks und ein Bongo mit 'nem Ziegenbart.

Am **3.** Tag vor Weihnachten kam ein cooler Kerl und gab mir **ZEHN GIFTSPRITZENDE KOBRAS** neun springende Kröten, acht Jumbo Squishees, sieben gefälschte T-Shirts, sechs galaktische Todesstrahler, FÜNF UNAN- STÄNDIGE TÄTOWIERUNGEN, vier Krusty- Puppen, drei Skateboards, zwei Monster- trucks und ein Bongo mit 'nem Ziegenbart.

Am **vorletzten** Tag vor Weihnachten kam ein cooler Kerl und gab mir **ELF ZAPPELNDE ZOMBIES,** zehn giftspritzende Kobras, neun springende Kröten, acht Jumbo Squishees, sieben gefälschte T-Shirts, sechs galaktische Todesstrahler, FÜNF UNAN-STÄNDIGE TÄTOWIERUNGEN, vier Krusty-Puppen, drei Skateboards, zwei Monstertrucks und ein Bongo mit 'nem Ziegenbart.

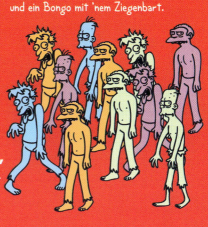

Am **Heiligabend** kam ein cooler Kerl und gab mir **ZWÖLF MILLIONEN DOLLAR,** elf zappelnde Zombies, zehn giftspritzende Kobras, neun springende Kröten, acht Jumbo Squishees, sieben gefälschte T-Shirts, sechs galaktische Todesstrahler, FÜNF UNAN- STÄNDIGE TÄTOWIERUNGEN, vier Krusty- Puppen, drei Skateboards, zwei Monster- trucks und ein Bongo mit 'nem Ziegenbart.

SINGEN MIT DE

SCHMÜCK DEN BIERBAUCH DEINES ALTEN
(Nach der Melodie von "Froh zu sein bedarf es wenig")

Schmück den Bierbauch Deines Alten,
Fa la la la la, la la la la,
Schmier' ihm Sirup in die Falten,
Fa la la la la, la la la la.
Wenn er vor der Glotze pennt,
Fa la la, la la la, la la la,
an einem Sonntag im Advent,
Fa la la la la, la la la la.

Auch ein Bonbon in dem Nabel,
Fa la la la la, la la la la,
wirkt mitunter ganz passabel,
Fa la la la la, la la la la.
Sperr' den Hund jetzt lieber aus,
Fa la la, la la la, la la la,
sonst wird Dein Alter sein Weihnachtsschmaus,
Fa la la la la, la la la la.

Ein Stern erleuchtet bald die Nacht,
Fa la la la la, la la la la,
auf des Vaters Hüftspeckpracht,
Fa la la la la, la la la la.
Der Glanz steht ihm ganz vorteilhaft,
Fa la la, la la la, la la la,
zur Freude Eurer Nachbarschaft,
Fa la la la la, la la la la.

Auf keinen Fall darfst Du ihn wecken,
Fa la la la la, la la la la,
und wenn er anfängt, sich zu strecken,
Fa la la la la, la la la la.
solltest Du mal besser flitzen,
Fa la la, la la la , la la la,
sonst kannst Du lange nicht mehr sitzen,
Fa la la la la, la la la la.

O KANNIBAL', O KANNIBAL'
(Nach der Melodie von "O Tannenbaum.")

O Kannibal', O Kannibal',
Du siehst so mächtig hungrig aus!
O Kannibal', O Kannibal',
Wer wird Dein Weihnachtsschmaus?
Gefüllter Homer wär' doch fein,
doch wer wird Dein Nachtisch sein?
O Kannibal', O Kannibal',
Du siehst so mächtig hungrig aus!

O Kannibal', O Kannibal',
starr' mich doch nicht so an,
O Kannibal', O Kannibal',
an mir ist doch nichts dran.

Dein Grinsen wird
so furchtbar breit,
gerade jetzt zur Mittagszeit.
O Kannibal', O Kannibal',
Du siehst so mächtig hungrig aus!

O Kannibal', O Kannibal',
Wär ich doch ganz weit weg,
O Kannibal', O Kannibal',
Du wetzt schon Dein Besteck.
Kannibal', Du wirst schon sehen,
von mir wirst Du ganz furchtbar blähen.
O Kannibal', O Kannibal',
Du siehst so mächtig hungrig aus!

M BART-O-LAUS

LEOPOLD HAT LEPRA
(Nach der Melodie von "Alle Jahre wieder")

Leopold hat Lepra,
die Nase ist er los,
er jubelt nur
"Hurra-ha-
sie war mir eh' zu gross."

Ein Zeh fällt ab beim Springen,
direkt über'm Gelenk
er wird ihn Dir bald bringen,
als Weihnachtsgeschenk.

Er knüpft Dir 'ne Perücke,
aus einem Büschel Haar.
Und grinst mit einer Lücke
wo einst sein Kiefer war.

Er kam zu uns nach Hause,
und war kein Kostverächter,

> HABT IHR DAS EWIG GLEICHE GEDUDEL AUCH SO SATT? VERSUCHT DOCH MAL DIESE BELEIDIGENDEN UND KINDISCHEN VARIATIONEN.

Weihnachtslieder, die die Feiertage erträglicher machen.

sein Ohr fiel
in die Brause
– was gab's für
ein Gelächter!

Er fiel in den Graben,
ein Bein blieb stecken.
Das pickten dann die Raben –
er rief nur "Lasst's
Euch schmecken!"

Die Zunge tut nichts taugen,
ist er kaum zu verstehen.
Doch er kann mit seinen Augen
glatt um die Ecke sehen.

Gibt es bald auch nichts mehr
was nicht in Stücke fällt,
ist Leopold mit Lepra
doch mein grösster Held:
Denn eins verliert er nicht
und das ist sein Gesicht!

WEIHNACHTSGESCHENKE A

UF DEN LETZTEN DRÜCKER
FÜR WENIGER ALS 5 MARK

SOCKEN VOLLER REIS

Gerade mal **DM 1,99**

Glückspfennig
10 Stück für'n Groschen!

VERBLÜFFENDE BÜROKLAMMER-KUNST

UNTER 2 PFENNIG DAS STÜCK!

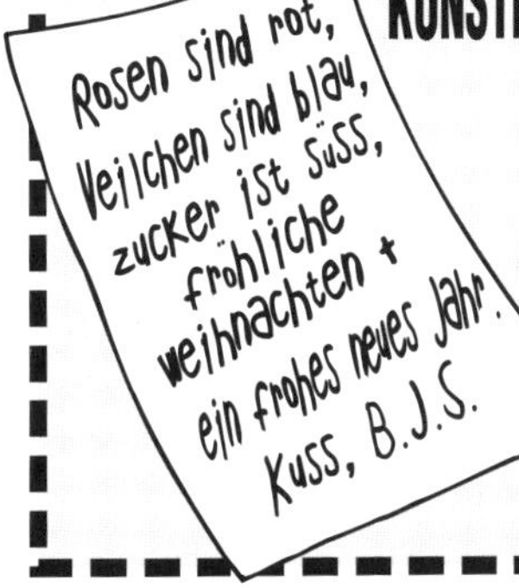

KÜNSTLERISCHES GEDICHT

Sehr persönlich!

Rosen sind rot,
Veilchen sind blau,
Zucker ist süss,
fröhliche
Weihnachten +
ein frohes neues Jahr!
Kuss, B.J.S.

PRAKTISCHER BRIEFBE-SCHWERER AUS NATURSTEIN
DARÜBER SPRICHT MAN

Weniger als 1 Pfennig pro Stück!

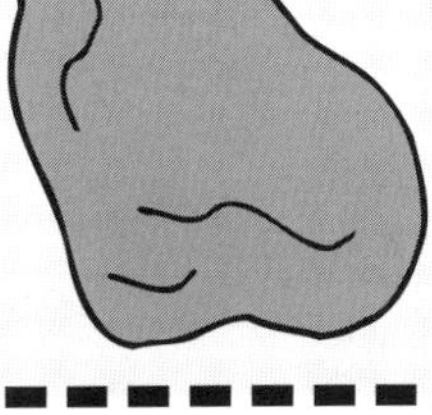

Seltsame Tatsachen

Bart Simpsons
GRUSELIGE G...
DES UNIVERSUMS, DIE NIC...

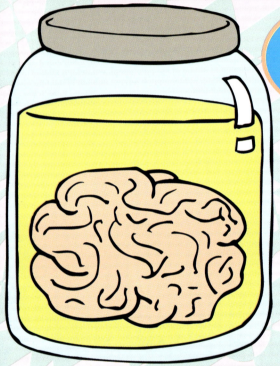

Wie können wir eigentlich sicher sein, dass wir das alles hier nicht nur träumen und in Wirklichkeit nur ein eingemachtes Gehirn im Labor eines verrückten Wissenschaftlers sind?

Was, wenn wir wir denken, wir wüssten alles besser, aber in Wirklichkeit wissen es die anderen besser?

Wenn es im Himmel allen so gut geht, wer schrubbt dann da oben die Toiletten?

Wird in der Hölle gejodelt?

Warum ist Haferbrei nicht verboten?

Wie jeder weiss, besteht Salatsosse nur aus Zucker, Mayonnaise, Salz und ... was? Was in aller Welt ist diese geschmacksnervenaufreibende, mundwässernde, geheimnisvolle Zutat?

Warum sind die Fortsetzungen von Erfolgsfilmen immer so schlecht und trotzdem muss man sie sich ansehen?

Woher wissen wir eigentlich, dass unser ganzes Universum nicht nur der flüchtige Tagtraum eines magischen Superkäfers aus einer anderen Dimension ist?

Was wäre, wenn Gott meine jugendlich-überschwenglichen Flüche eines Tages ernst nehmen würde?

EHEIMNISSE
T MAL ICH ERKLÄREN KANN

Warum hat Gott Mistkäfer geschaffen?

Gibt es Mayonnaise im Himmel?

Wäre die Welt nicht ein glücklicherer Ort, wenn alle nur nackt herumlaufen würden?

Wenn Du das Rätsel des Lebens lösen willst, blättere auf Seite 110...

Warum hat Gott Maden geschaffen?

Mag Gott Mayonnaise?

Warum hat Gott Barney, den Dinosaurier erschaffen?

Lautet die ultimative Antwort auf alle Fragen, egal wie tiefgründig, intelligent oder universell sie auch immer sein mögen, nicht immer ganz einfach "Wen interessiert's?"

Wenn Gott alles tun kann, könnte er dann auch so viel Mayonnaise essen, bis ihm kotzübel wird?

Wenn die Drei Kleinen Schweinchen singen "Wir sind nicht zuhause, dschinni-dschin-dschin", was zum Teufel meinen die damit?

Bartholomew J. (für "Jugend forscht") Simpson präsentiert

HOMER SIMPSONS WELT DES WARUM?

WARUM gibt's eigentlich kein Parfüm, das nach Donut-Glasur duftet?

WARUM darf man auf der Autobahn eigentlich keine Golfwagen fahren?

WARUM nennt man es "Wunderwinterlandschaft", wenn es weit und breit nichts als Schnee und Eis gibt?

WARUM hat jemand mit so wenig Haaren wie ich so viele Läuse?

WARUM ist Zuckerwatte eigentlich so unwiderstehlich köstlich?

WARUM muss man eigentlich immer ein ganzen Karamelbecher bestellen, wenn man doch eigentlich nur diese unglaublich köstliche Sosse haben will?

WARUM schwitze ich so beim Essen?

WARUM kapieren Frauen nicht endlich, dass Glatzen sexy sind?

WARUM gilt der Typ, der die Hängematte erfunden hat, immer noch nicht als grösstes Genie aller Zeiten?

WARUM macht zweimal Unrecht immer noch nicht Recht – auch wenn ich's noch so sehr versuche?

WARUM halten sich Katzen eigentlich für so unglaublich schlau, wenn sie mit ihren Samtpfoten und hinterhältigen Plänen meine ganzen Zierfische auffressen?

WARUM schmeckt die Klebeseite von Briefmarken so unglaublich köstlich?

WARUM gibt es in Bowlinghallen eigentlich keine superkomfortablen, vibrierenden Sofas, auf denen man warten kann, bis man wieder an der Reihe ist?

WARUM sagen die Leute immer, das Fernsehen verblödet und reine Zeitverschwendung ist, wenn es doch 24 Stunden am Tag so unglaublich unterhaltsam ist?

WARUM lässt Marge die Packung mit dem Backpulver offen im Kühlschrank stehen, und wenn ich dann was davon nasche, schmeckt es so richtig komisch?

WARUM bin ich mit einem Sohn gestraft, der mir ständig üble Streiche spielt, obwohl ich ihm oft – ganz oft – erlaube, meine Bowling-Trophäen zu polieren?

WARUM gibt's nur eine wirklich interessante Sache im Universum – Essen?

DIE WUNDERBARE

1. DIE TÖDLICHE GOTTESANBETERIN
2. BIGFOOT (Sasquatch)
3. DER BLOB
4. DIE 30-METER-FRAU
5. DAS KILLER-KANINCHEN
6. RIESENKRAKE
7. DER WEISSE RIESE
8. KOLOSSUS
9. ZOMBIES (Lebende Tote)
10. RIESENAMEISEN
11. DIE GRÖSSTE ERDNUSS DER WELT
12. KING KONG
13. SCHNEEBALL, DIE KILLER-ZIEGE
14. DIE KREATUR AUS DER SCHWARZEN LAGUNE
15. DAS DING
16. DAS UNGEHEUER VON LOCH NESS
17. MR. HYDE
18. DER WEISSE HAI
19. MONSTRO
20. DER WERWOLF
21. DER UNSICHTBARE

KLEINE MONSTER

NAME	REVIER ODER URSPRUNGSORT	EIGENSCHAFTEN
1. DIE TÖDLICHE GOTTESANBETERIN	Arktis/Wandert nach Washington, D.C.	🌍 👤
2. BIGFOOT (Sasquatch)	Nordwesten der USA	❓
3. DER BLOB	Meteor/Landet in namenlosem Kaff in den USA	=🛸 🐙 🌍
4. DIE 30-METER-FRAU	Irgendwo in Kalifornien	👤 🚫 ⚛️
5. DAS KILLER-KANINCHEN	Arizona	🦷 🐾 👤
6. RIESENKRAKE	20.000 Meilen unter dem Meer	🐟 👤
7. DER WEISSE RIESE	TV-Werbung	👤 📺
8. KOLOSSUS	Südwesten der USA und Mexico	👤 ⚛️
9. ZOMBIES (Lebende Tote)	Südosten der USA und Karibik	⚰️ 🌍 🦷
10. RIESENAMEISEN	Neu Mexiko/Abwasserkanäle von L.A.	⚛️ 🌍 👤
11. DIE GRÖSSTE ERDNUSS DER WELT	Ashburn, Georgia	👤
12. KING KONG	Totenkopfinsel/Später nach Manhattan verschifft	👤 🐾 🚫
13. SCHNEEBALL, DIE KILLER-ZIEGE	Locust Grove, Georgia	🐾
14. DIE KREATUR AUS DER SCHWARZEN LAGUNE	Die Schwarze Lagune, an der Quelle des Amazonas	🐊 🚫 🐟
15. DAS DING	Weltraum/landet in der Arktis	🐙 =🛸
16. DAS UNGEHEUER VON LOCH NESS	Loch Ness, Schottland	🐊 ❓ 🐟
17. MR. HYDE	London, England	🐙
18. DER WEISSE HAI	Atlantischer Ozean, meistens	🐟 🦷
19. MONSTRO	Die Sieben Weltmeere	🐟
20. DER WERWOLF	London, England	🐙

LEGENDE

Wasserkreatur 🐟
Mythologisches Geschöpf 🦄
Fleischfresser 🦷
Riesig 👤
Blutsauger 🩸
Von Menschen geschaffen ⚡
Gestaltwandler 🐙
Bedrohung für die Menschheit 🌍

KUNDE

EIN HANDLICHER TASCHENFÜHRER IM KLEIN-O-MATIC-FORMAT!

MWAHA HAHAHA HAHA!!!

NAME	REVIER ODER URSPRUNGSORT	EIGENSCHAFTEN
21. DER UNSICHTBARE	London, England	🚶 ⊘
22. DER GLÖCKNER VON NOTRE DAME	Paris, Frankreich	⊘ ❓
23. DAS PHANTOM DER OPER	Paris, Frankreich	⊘ ❓
24. MEDUSA	Eine Insel, irgendwo in Kleinasien	🐎
25. WELTRAUM-MUTANTEN	Weltraum	🛸 🌐
26. FRANKENSTEINS MONSTER	Genf, Schweiz	⚡ ⊘
27. GRAF DRACULA	Transsilvanien, Rumänien	⚰ 🩸 🐙
28. DER GOLEM	Prag, Tschechien	🧍 ⚡ 🌐
29. DER ZYKLOP	Kolossa, Griechenland	🐎
30. DIE MUMIE	Kairo, Ägypten	⚰
31. FRANKENSTEINS BRAUT	Genf, Schweiz	⚡
32. SUSI, DIE SEEKRANKE SEESCHLANGE	Unbekannt	🐟 📺
33. GHIDRAH	Japan, über den Mars	🛸 🌐
34. DIE TRIFFIDS	Ex-Sowjetunion	⚡ 🌐
35. DER YETI (Der Schneemensch)	Himalaija	❓
36. MOBY DICK	Die Sieben Weltmeere	🐟 🧠
37. MINYA (Tadzilla)	Die Sol-Gell Insel in der Südsee	🦎
38. GODZILLA	Kommt von der Insel Oto nach Tokyo	🦎
39. DIE RIESEN-AUSTER	Meeresgrund	🐟 🧍 🦷
40. DER RIESEN-TINTENFISCH	Ozean	🐟 🧍
41. DER TASMANISCHE TEUFEL	Tasmanien, Australien	🧠 📺

Unverstandener Außenseiter ⊘ Weltraumkreatur 🛸 Übergroßes Reptil 🦎

Einsiedler ❓ Unsterblich/Untot ⚰ Psychotisches Säugetier 🧠

Durchsichtig 🚶 Mutiert durch Radioaktivität ☢ TV-Star 📺

DURCHSCHAUEN, WENN DU WEISST, WORAUF DU ACHTEN MUSST. PRÄGE DIR DIE EINFACHEN TIPS AUF DIESER SEITE GUT EIN, UND DU KANNST EIN ALIEN SCHON VON DER ANDEREN STRASSENSEITE AUS ERKENNEN. SEI WACHSAM! DIE ZUKUNFT UNSERES PLANETEN HÄNGT VIELLEICHT DAVON AB, MANN!

DRUCKERSCHWÄRZE AN DEN FINGERN

Von billigen Sensationszeitschriften, der einzigen Quelle, in der Aliens über ihre extraterrestrischen Brüder oder Klatsch und Tratsch von ihrer Heimatwelt lesen können.

SCHLABBRIGE HOSEN

Abgesehen von Kopf und Händen unterscheidet sich die Anatomie der Aliens ganz furchterregend von der unsrigen und muss deshalb verborgen werden.

POLYESTER-SOCKEN

Eine mysteriöse Faser vom Planeten Ze'un Da. (Anmerkung: Obwohl ausserirdischen Ursprungs, haben sich mittlerweile auch Erdlinge Klamotten aus dieser Faser zugelegt. Sieh' zum Beispiel im Kleiderschrank Deines Vaters nach.).

MYSTERIÖSER FLECK AUF DER KRAWATTE

Wahrscheinlich noch vom letzten Menschenopfer.

CLUB-KRAWATTENNADEL

In Wirklichkeit ein raffiniert getarnter Micro-Todesstrahler. Jeder, der so ein Gerät trägt, ist zweifellos ein Alien und sollte sofort der Polizei gemeldet werden. Anmerkung: Viele Polizisten sind mittlerweile selbst Aliens, also sei verdammt vorsichtig, Mann!

FÜSSE

Gefühllos und extrem hart. Sind durch blosses Aussehen nicht zu enttarnen. Einfach so fest Du kannst drauftreten: Wenn er ein Alien ist, wird er nichts spüren, wenn er ein Mensch ist, solltest Du ganz schnell die Fliege machen.

ALIENS SIND UNTER UNS!

> ALIENS, DIE HINTERHÄLTIGEN WELTRAUMMUTANTEN, SIND LÄNGST GELANDET UND WANDELN UNTER UNS, MANN! FÜR DEN OBERFLÄCHLICHEN BETRACHTER SEHEN SIE VIELLEICHT AUS WIE NORMALE MENSCHLICHE WESEN, ABER SIE SIND LEICHT ZU...

TRÄNENSÄCKE
Sind in Wirklichkeit Narben von der chirurgischen Entfernung des dritten Auges.

STEIFE HALTUNG
So sehr sie es auch versuchen, Aliens sind noch weit davon entfernt, eine perfekte Lümmelhaltung einnehmen zu können.

TROSTLOSE KLEIDUNG
Aliens können nichts anderes tragen. Bunte Farben würden sich mit den Zigma-Wellen überlagern, mit denen sie vom Mutterschiff aus bestrahlt werden. Ohne diese Strahlen würden sie tot umfallen.

DÄMLICHER HAARSCHNITT
Viele Aliens tragen verräterische Haarteile. Genaugenommen sind es gar keine Haare, sondern ein dicht gewobenes Netzwerk aus Transmissionsfasern, durch die das Alien mit seiner Befehlszentrale kommunizieren kann. Wird bei Gegenwind oft leicht erkennbar.

ABWESENDER BLICK
Besonders abwesend, wenn das Alien telepathische Befehle von seinem Oberbefehlshaber entgegennimmt.

GRIMMIGER GESICHTSAUSDRUCK
Wird dadurch verursacht, dass ihr Verdauungssystem mit unseren groben Nahrungsmitteln nicht zurechtkommt, Kumpel.

> MACH' BITTE DAS LICHT AUS, JOHN-BOY!

ALTMODISCHE SPRACHE
Übernommen von uralten TV-Serien, die jahrzehntelang durchs Weltall flimmerten, bevor sie von den Ausserirdischen aufgefangen wurden.

-VERHALTENSMUSTER

AUTOMATISIERTE PEINLICHKEITSAKTIVITÄT

Wenn sie allein in einem Auto sitzen, glauben Ausserirdische, sie seien für die Umwelt unsichtbar. Offensichtlich sind die Scheiben in ihren Raumschiffen aus nur einseitig durchsichtigem Glas, und sie vermuten, dasselbe gilt auch für Autoscheiben. Deshalb geniessen sie ihre vermeintliche Intimsphäre und popeln in Ohren und Nase herum, singen laut oder spielen auf imaginären Musikinstrumenten herum.

KIND/HAUSTIER VERWECHSLUNG

Aliens können oft dabei beobachtet werden, wie sie mit angeleinten Kindern Gassi gehen und Befehle wie "NEIN!" oder "LASS DAS!" ausstossen. Auf der anderen Seite neigen sie dazu, ihre Haustiere in Strickpullover zu stecken und in der Babysprache mit ihnen zu kommunizieren. Achte besonders auf Phrasen wie "Ja, da ist ja Mamis kleiner Schnucki-Putzi!" oder "So ein braver kleiner Racker, so ein braver!" Dieses Verhalten bleibt bis heute unerklärlich.

STÄNDIGE GESICHTSINSPEKTIONEN

Aliens benutzen aufwendige Masken, um sich unerkannt zwischen den Menschen bewegen zu können. Die weibliche Maskierung ist aufwendiger als die männliche und daher auch empfindlicher. Weibliche Aliens können daher oft bei den ständigen Inspektionen und Restaurationen ihres menschlichen Putzes beobachtet werden. Obwohl er nach aussen hin wenig um sein äusseres Erscheinungsbild besorgt scheint, wird auch der männliche Ausserirdische jede spiegelnde Oberfläche ausnutzen, um sein Aussehen blitzschnell zu überprüfen.

ANDERE VERRÄTERISCHE WARNSIGNALE

Schnauzbart pflegen	Nägel kauen
Eier aussaugen	Hintern kratzen
Finger schnippen	Knöchel knacken
Beine schütteln	"Fünf" geben
Fuss wippen	Vogel zeigen
Eindruck schinden	Hüfte wackeln
Nase rümpfen	Spucke spucken
Finger zeigen	Haare zupfen
Bart zupfen	Arme verdrehen
	Nase popeln

Religion

VÖLLEREI
Ich esse
  a. zwischen den Mahlzeiten.
  b. zwischen den Zwischenmahlzeiten.
  c. also bin ich.

NEID
Ich beneide Menschen die
  a. gut aussehen.
  b. Haare haben.
  c. Toupets tragen.

JÄHZORN
Manchmal bin ich
  a. böse.
  b. unheimlich böse.
  c. schwer bewaffnet.

STOLZ
Ich bin
  a. Gottes Geschenk an das andere Geschlecht.
  b. Gottes Geschenk an die Welt.
  c. Gott.

Wie Du die Punkte zählst:
10 Punkte für jedes a.
20 Punkte für jedes b.
50 Punkte für jedes c.

Bei einer Summe von
0-70 . . . . kommst Du wahrscheinlich in die Hölle.
80-150 . . .wirst Du ganz bestimmt zur Hölle fahren.
160-350 . . .ist die Hölle Dein Schicksal.

SAFTIGE GEBETE

...FÜR JEDE GELEGENHEIT

GEPRÜFT VOM KONZIL FÜR FREVEL UND BLASPHEMIE

LEBERKÄS' GOTTES

Leberkäs' Gottes,
Du bist überall
Auf allen Brötchen der Welt.
Senf komme über Dich.

Leberkäs' Gottes,
Du bist überall
Auf allen Brötchen der Welt.
Senf komme über Dich.

Leberkäs' Gottes,
Du bist überall
Auf allen Brötchen der Welt.
Und eins ist für mich.

Gebete dann und wann brauchen wir alle mal eins: vor einer Klassenarbeit, wenn man von einem wütenden Hornissenschwarm verfolgt wird oder bei einer Kernschmelze im Kraftwerk um die Ecke... Aber Du bist mit mir sicher einer Meinung, dass die meisten schon ziemlich dick Staub angesetzt haben, oder, Mann? Also hier, extra für Dich: Die aufgepeppten Versionen der beliebten Klassiker, präsentiert von dem Mann, der heiliger ist als der Papst, Bartholomew J. (für Jesus) Simpson. (Aber denk daran: Geh sparsam damit um, Mann. Gott hilft denen, die sich selbst helfen wissen.)

GESEGNETE BADEHOSEN

Gesegnet seist Du, Badehose,
die sich schliesst,
mit Gummizug
fest um meine Lenden.
Gebenedeit seist Du,
unter aller Wäsche
und Segen sei mit Dir
die Du verbirgst, was
verborgen sein sollte.

Und verlass' uns nicht
in der Stunde unserer Not.
Und fest sitze Dein Gummi,
jetzt und für immer
und in der Stunde
unseres Bades.
Amen.

TISCH-GEBET

Essen ist gut.
Trinken ist gut.
Gott ist gut.
Hau 'rein!

FETTER UNSER

Oh fetter Vater,
der Du isst unrasiert,
Schlucken ohne zu kauen
ist Deine Bestimmung.
Dein Nachtisch komme,
in Vanillesosse getränkt.
Begnüg' Dich doch mal mit trocken Brot,
und kaue eine Rübe,
oder mampf' doch mal weniger
Ungesundes wie Donuts!
Führe Dich selbst
nicht in Versuchung,
aber iss' Leber bei jeder Mahlzeit.
Amen.

ICH SCHLIESSE MEINE AUGEN ZU

Ich schliesse meine Augen zu,
und lege mich zur süssen Ruh'.
Ich bete für die ganze Welt,
und hoffe, dass Dir das gefällt.
Jetzt lösche ich noch
aus das Licht,
und füge auch noch rasch hinzu:
"Halt bitte meine Blase dicht!"

GOTT IST GROSS

Gott, Du bist gross,
und Du weisst alles.
Oh, lass doch trotzdem Gnade walten,
und petze nichts an meinen Alten.

ICH BEREUE

Oh mein Gott,
es tut mir leid,
sollt' ich Dich beleidigt haben.

Doch du weisst, Mann,
auch die Flüche,
sind ja schliesslich Deine Gaben.

LIEBER GOTT IM HIMMEL, HÄLTST DU EIGENTLICH IMMER WACHT ODER NUR VON 6 BIS 8?

NERVENDE FRAGEN AN

DEINEN RELIGIONSLEHRER

NOCH NERVENDE FRAGEN AN

WENN DU EIN MASOCHIST BIST, WÄRE ES DANN NICHT EINE BELOHNUNG, IN DIE HÖLLE ZU KOMMEN UND EINE STRAFE, IN DEN HIMMEL ZU KOMMEN?

WÜRDE ICH BESSERE NOTEN BEKOMMEN, WENN ICH MEHR ZEIT MIT BETEN STATT MIT LERNEN VERBRINGEN WÜRDE?

KANN MAN MIT GEBETEN TOTE GOLDFISCHE WIEDER LEBENDIG MACHEN?

BEOBACHTEN DICH DIE UNSTERB-LICHEN SEELEN DEI-NER VERWANDTEN AUCH, WENN DU AUFS KLO GEHST?

WEITERE VERWENDUNGSMÖGLICHKEITEN FÜR DIESES BUCH

1. Benutze es zum Feuermachen, falls Dein Flugzeug in den Anden abstürzt.
2. Wirf es vom Empire State Building und schau Dir die Delle an, die es in den Bürgersteig schlägt.
3. Prima Einwickelpapier für Jumbo Squishees!
4. Gründe eine Bürgerinitiative und lass es verbieten.
5. Kauf eine ganze Kiste davon und stelle sie in den Kofferraum Deines Wagens, um auf verschneiten Strassen besser in der Spur zu liegen.
6. Zerreisse die Seiten zu Konfetti und feiere eine Parade für Dich selbst.
7. Verbessere Deine Haltung, indem Du es auf dem Kopf balancierst.
8. Höhle es aus und verstecke Deine einfühlsamen Gedichte darin.
9. Stecke es in den Umschlag von *Quantenmechanik für Anspruchsvolle* und beeindrucke Deine Freunde.
10. Mach' Spuckkugeln aus den Seiten.
11. Kauf drei und übe Jonglieren.
12. Benutze es als Türstopper.
13. Baue ein kleines Hamsterzelt.
14. Gründe Deine eigene Religion und mach es zu Deinem Heiligen Buch.
15. Benutze es, um Schnitzel weichzuklopfen.
16. Stifte es der Universität von Oxford.

INDEX

A
ACHSELHÖHLEN-SINFONIE, 24
ACHTERBAHN, 91
AFFEN:
 Monsieur Monkey Man, 76
AKKORDEON, ERFINDUNG DES, 90
AKNE, WUNDERMITTEL GEGEN, 37
ALGREN, NELSON, 28
ALIENS:
 Benehmen von, 162–63
 Eigenschaften von, 160–161
 Gehirnwäsche durch, 99
 im Himmel, 170
 Perücken von, 161
VGL. AUCH WELTRAUMMUTANTEN
AMEISENFARM, 58–59
ANGST, ANGST VOR, 125
ATOMENERGIE:
 Atommüll-Sammler, 48
 und strahlende Schönheit, 42
AUTOFAHREN:
 nerven beim, 72
 von Aliens, 163

B
BACON, Sir Francis, 86

BAKTERIEN, 40–41
BÄRTE, ANGST VOR, 125
BAUCH
 auf Griechisch, 127
BAUCH, EINZIEHEN VON, 42
 Kontakt zum inneren Kind, 43
BÄUCHE:
 Angst vor nackten, 127
 dekorieren von, 146
BENEHMEN:
 bei Tisch, 20–21
 im Museum, 76–77
 sexuelles, 42–43
BESEN:
 des Magens, 28
 -Kammer, 63
BESTECHUNG, 24, 133
BH's, 7, 83
BIENEN:
 Angst vor, 125
 Wissenswertes über, 110
BIGFOOT:
 Belohnung für, 53
 Beschreibung von, 158
 im Stammbaum des Lebens, 91
 Vorkommen von, 156
BLITZER, 100
BLÖDSINN, VERBLÜFFEN MIT, 6
BLUBBERBLASEN, 38
BLUTEGELZÜCHTER, 49
BLUTKAPSELN, 135
BODY BUILDING, 80
BONGOS, 78, 144, 145
BOOTLEG T-SHIRTS, 144
BORN-IN-THE-USA-DRUM SOLO, 36
BOWLING
 Eltern als Bowlingkegel, 65
BRECHMITTEL,
siehe auch KOTZEN
BRECHT, BERTOLT, 29

BRIEFMARKENKLEBER, GESCHMACK VON, 155
BRIEFUMSCHLAG-LECKER, 48
BRÜLLEN UND SCHLUCKEN, UNVERTRÄGLICHKEIT VON, 21
BUNGEE JUMPING, 36
BÜROKLAMMER-KUNSTWERKE, 149
BUTTERKEKS, 97

C

CHURCHILL, WINSTON, 127
CLEOPATRA, 80
CLUB-KRAWATTENNADEL, 160
COMICZEICHNER, ERSTER DER WELT, 79
CROCKETT, DAVY, 89
CSU-MITGLIEDSCHAFT, 49

D

DA VINCI, LEONARDO, 97
DANKGEBET, 24, 169
DAUERLUTSCHER, ERFINDUNG DES, 91
DAUERWERBESENDUNGEN:
　als Karriere, 48
　als Schlafersatz, 63
　Unterhaltungswert von, 103
DAUMENDRÜCKER, GESTE, 99
DEGAS, EDGAR, 126
DEPPEN:
　Bedauernswerte, 24
　In der Denkblase, 122
DICHTKUNST, 77, 78

DINOSAURIER:
　als Beherrscher der Erde, 76–77
　Barney, der, 153
　Geräusche von, 76–77
　im Stammbaum des Lebens, 90
　Seele von, 171
　Skelette, 76
DONUTS:
　als Aphrodisiakum, 43
　Dippen von, 31
　dotonische Platten, 30
　Drücken von, 73
　Eigenschaften von, 30–31
　einfache, 23
　mit Schoko-Überzug
　Tauschwert von, 23
DRACULA:
Beschreibung von, 159
　Geburt von, 86
　Wohnort von, 157
SIEHE AUCH VAMPIRE
DRUM SOLOS:
　Born in the USA, 36
　in der Hölle, 175

E

E=MC2, 92, 128
EINBALSAMIERER, 46
EKELSPIEL, 24
ELFEN, 118
ELTERN:
　Bewegungsgesetze von, 86–87
　Gedanken von, 68–69
　Geld von, 54–55
　Gesichtsausdrücke von, 122–23
　in den Wahnsinn treiben, Methoden zum, 72–73
　Liebesbriefe, Gebrauch durch Kinder, 8
　Lügen von, 70–71
　bestehlen von, 52
　zu-Bett-geh-Spiele mit, 62–63

ENDLOSSCHLEIFE, 93
ENGEL, 140, 141
ERDBEERKAUGUMMI, 116
ERDNÜSSE UND SCHWEISS, GESTANK VON, 117
ERNÄHRUNGS-RATGEBER, 22
ERPRESSUNG, 52, 55, 133
ESSENSTAUSCH, 23

F

FALSCHE FINGERNÄGEL, 73
FALTENCREME, 42
FARBEN DER 4 JAHRESZEITEN, 42
FERNSEHPREDIGER, 89
"FETTER UNSER", GEBET, 169
FEUERSPEIER, 108
FEZ, 102
FINGER, ESSEN MIT DEN, 21, 28
FINGERABDRUCK-LESEGERÄT, 35
FINSTERES MITTELALTER, 82
FLOCKIGE NAHRUNGSGRUPPE, 22
FLUTWELLEN, IM BADEZIMMER, 39
FORTSETZUNGEN, VON FILMEN, 152
FRANKLIN, BENJAMIN, 88
FREIZEITANZUG, 101
"FRISS MEINE SHORTS":
  Handzeichen für, 99
  Übersetzungen für, 100–101
FRÖSCHE, MEDIZINISCHER NUTZEN VON, 37
FROST, ROBERT, 78

GEBET, 168
GIER:
  Religion der, 102
  Zeigen von, 166
GIFTSCHLANGE, KLEINE, 10
GLATZEN, 43, 154
GLÜHWEIN, 155
GOLDENE EIER, 109
GOLFWAGEN, 154
GOODBYE, MEIN KNÖDEL, 79
GREIF-ZU-SPIEL, 24, 25
GRIES, 119
GUTE/SCHLECHTE TATEN-VERHÄLTNIS, 155
FURZKISSEN, ERFINDUNG DES, 93

G

GAFFER, DER, 91
GANGSTER, 96
GEBET/NOTEN-VERHÄLTNIS, 172
GEBISS:
  als Referatsthema, 6
  Radioempfang durch, 82
GEHEIMNISSE DES UNIVERSUMS, 152–55
GENIE, DAS AUSSEHEN DES, 80–81, 122
"GESEGNETE BADEHOSE,

H

HAARE:
  Angst vor, 124
  Angst vor Haarbällen, 127
  auf Griechisch, 127
  Besitz von Frauen-, 137
  besondere Frisuren, 39, 83
  Enträtselung der, 34
  Kämmen von, 116, 117
  Schutz von, 123
  und Läuse, 154
HACKFRESSE, 115
HAFERBREI, GESETZLICHKEIT, 152
HAFTUNG, 1, 17, 83

HAMSTER:
  aus dem Weltall, 98
  Definition des, 110
  im Stammbaum des Lebens, 91
  kleine Zelte für den, 177
  Reinigen von Käfigen, 13
  singend, 82
HÄNGEMATTE, 155
HASS=LIEBE-GLEICHUNG, 115
HAUSTIERE:
  am Hintern schnüffelnde, 15
  Geheimnisse der, 110–11
  bekleidete, 163
  Hunde-Rassen, 106–7
  und Spass beim Essen, 24
  das ultimative Traumtier, 108–9
  Verhalten von Aliens zu, 163
  verweste, Gebrauch von, 8
HECKENSCHERE, 42
HENNE-UND-EI-
BEZIEHUNG, 28 – 29
HEIDNISCHE RITUALE, 79
HEULSUSEN, 10
HEUSCHNUPFEN, WUNDERMITTEL
GEGEN, 37
HEUSCHRECKENKÄMPFE, 8
HEXENVERBRENNUNG, 88
HOMO ERECTUS, 91
HOT DOG, VON GOTT
GESCHAFFEN, 171
HUNDE:
  Grundtypen von, 106–107
  -jahre, 107
HUNDEFUTTERKOCH, 49
HUSTEN, Wundermittel gegen, 37

I
IGEL, 110
INNERES KIND, 35, 43, 129

J
JASPERS GEBISS, 82
JODELN IN DER HÖLLE, 152
JONGLIER-LIZENZ, 136

K
KÄFER-KÖDDEL, ALS

FRÜHSTÜCKSFLOCKEN, 27
KANNIBALEN, 146
KARAMELCREME, GURGELN MIT, 65
KARNICKEL, VEREHRUNG VON, 65
KARTENTRICKS, 69
KARTOFFELCHIPS:
Erfindung von, 90
mit Gesichtszügen von Berühmtheiten, 6
KATZEN:
  Beobachtung von, 129
  Hunde jagende, 137
  Verschlagenheit von, 155
KATZENKOTZE, 24
KAUEN, DIE EWIGE
FRAGE DES, 21
KEGELAUFSTELLER, 48
KIEFERKLEMME, 37
KING KONG, 91, 156, 158
KLEBRIGE NAHRUNGSGRUPPE, 22
KLEIDUNG, FÜR DEN ERFOLG, 55
KNACKEN, MIT DEN KNÖCHELN, 71
KÖPFEN, 89, 173
KÖRPERTEILE, 34–35
KOTZEN:
  Katzenkotze, 2
  nicht haftbar bei, 83
  so tun als ob, 24
  zur Lebensrettung, 132
KRANKMELDUNGEN, 4
KRITZEL-NOTIZEN, 17
KRÖTEN, 145

KRUSTY, DER CLOWN:
　Antwort von, 119
　　　　Dauerwerbesendungen, 63
　　　Freizeitpark, 83
　　　　　Karrierestart, 99
　　　　　Puppen, 144
　　　　Schaumfrisur, 39
　Sender, 58
　Krustitron 2000, 59
KUNST:
　Essen als, 25
　des Verhandelns, 55
　des Humpelns, 135
KÜNSTLER:
　Gehirntyp des, 128–29
　nützliche Phrasen für, 80

L

LANGEWEILE, Wundermittel gegen, 37
LEBER:
　Angst vor, 126
　im Gebet, 169
　von der Gans, 137
"LEBERKÄS GOTTES", GEBET 168
LEICHENTUCH DES JEBEDIAH, 82
LIEBE:

　Amöben und, 14
　Bakterien und, 40–41
　Schulhofromanzen, 114–15
LIEBESLIEDER, SCHLEIMIGE, 114
LINKSHIRN, 128–129
LOCH IST IM EIMER-STRATEGIE, 51
LÖWEN:
　-bändiger, 47
　-fütterung, 81

182

LÜFTUNGSROHRE, 166
LÜGEN:
　Körpersprache und, 122
　Lektionen im, 134
　von Eltern, 70–71

M

MAGENBEBEN, 30
MAIS:
　Püree, 28
MAYONNAISE, 153
MALIBU STACY PUPPENSET, 60, 61
MARGARINE, ROSA, 137
MASOCHISTEN, 172
MAUS, TANZ MIT EINER RIESIGEN, 65
MÄUSE; IN DER KÜCHE, 68
MÄUSESPECK:
　Ernährungswert von, 22
　extra-chili-scharf, 23
　extra-salziger, 23
　ungesalzener, 23
MEISE, 110
MESSER, ALS ZAHN-STOCHER, 20
MONSTER:
　Geographie von, 156–157
　kleine Monsterkunde, 158–159
MONSTER, vgl: Auch Aliens, Richard Nixon
MONSTERFILME, 98
MONSTER-TRUCKS, 46, 144
MONSTER-TRUCK-FAHRER, 46
MÜLLOLOGIE, 9

N

NACKTHEIT:
 Kunst und, 77
 Träume und, 64
 universelles Rätsel der, 153
NAHRUNG:
 Hauptgruppen, 22
 nervendes Benehmen im Restaurant, 73
 Spass beim Essen, 24–25
 Tauschpyramide, 23
 Tischmanieren, 20–21, 28–29, 81
 Tischgebet, 24, 169
 Völlerei, 166, 167
NAPOLEON, 126
NASENHAAR, RICHTIGER UMGANG MIT, 42
NEANDERTALER, 76, 133, 171
"NIX DA, MANN":
 Übersetzungen in Fremdsprachen, 100–101
 in Schweinelatein, 96

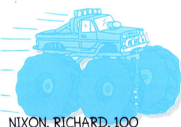

NIXON, RICHARD, 100
NÜSSE: Futter-Fakten über, 26

O

"O KANNIBAL, O KANNIBAL", 146
OPPISCH, 97

P

PENICILLIN-KULTUREN, 92
PERÜCKEN:
 aus Schaum, 39
 Gebrauch durch Aliens, 160
 -macher, 48
 zwei Meter hohe, 89
PIPI-MATIC-FRÜHWARNSYSTEM, 58

PIRANHAS:
 im Stammbaum des Lebens, 90
 Warnung vor, 39
 Wasserbett mit, 58
PIRATEN, 87
PLATEAUSOHLEN, 101, 103
PLATTWÜRMER, EVOLUTION DER, 90
POLYESTER, 160
POSTANGESTELLTE, 11
PRÄRIE-AUSTERN, 29
PRESSACK, 29
PSYCHO-HUNDE, 107

R

RAUMSCHIFF, BELOHNUNG FÜR, 53
REBUBLIKANER, 89
RECHTSHIRN, 128–29
REISSVERSCHLÜSSE UND ALIENS, 162
RELIGION:
 Barts Ratgeber als Grundlage von, 177
 Gebete, 24, 169
 Gebete, saftige, 168–69
 Gier als, 102
 Kämpfen und, 132
 Kirche, nervendes Benehmen in, 72
 Phobien in Verbindung mit, 125
 Sprichwnrter über Essen und, 29
 Verehrung von Zwiebeln, 27
 verbotener Lesestoff durch, 13
 Verehrung von Karnickeln, 65
REUEGEBET, 169
RINDERSCHWARTEN, 69
RINGKÄMPFER, PROFESSIONELLE:
 mit Irokesenschnitt, 59

Träume von, 64
ROBOTER, 58, 59
ROTZILLA, 98

RÜLPSEN:
des Weihnachtsmanns, 142, 143
die Romantik des, 43
in der Kirche, 72
richtiges Benehmen mit, 81
VGL. AUCH KOTZEN
RUNKELRÜBEN, VERKAUF AN
SCHWEINE, 64
SABBERN:
kurze Geschichte des, 92
von Hunden, 106

S

SALATSOSSE, 152
SCHIMMELKÄSE, ANGST VOR, 127
SCHINKEN:
als Gesichtsmaske, 26
Erfindung des, 86–87
SCHLÄGER:
Ausdrücke für, 89
bombardiert mit Wasserbomben, 93

Vermeiden von Prügel durch, 132–33
SCHLANGENBESCHWÖRER, 46
SCHLUCKAUF, WUNDERMITTEL GEGEN, 36
SCHLÜRFEN VON FLÜSSIGKEITEN, 21
SCHMEICHELN, 24, 133
SCHMIERIGE NAHRUNGSGRUPPE, 22
SCHMÜCK DEN BIERBAUCH DEINES VATERS, 146
SCHMUTZREZEPTE, 9
SCHNECKEN, 8, 90
SCHORNSTEINE UND BABIES, 119
SCHULVERSAGER:
Körperhaltung von, 122
Schulversager, Preisträger, 12
SCHUMMELTECHNIKEN, 16–17

184

SCHWABBELIGE NAHRUNGSGRUPPE, 22
SCHWEINE:
die drei kleinen, 153
Dinosaurier, die klingen wie, 76
sprechende, 64
SCHWEINELATEIN, 96
SCHWEISS:
die Romantik des, 43
im Liebeslied, 114
und Essen, 154
SCHWERKRAFT, ERFINDUNG DER, 87
SEIFE, ERFINDUNG DER, 38
SENSATIONSZEITSCHRIFTEN, 160
SICKERGRUBE DES TEUFELS, 83
SIEBENTÖTER, 110
SILBERFISCHE, 110
SKATEBOARDFAHREN:
erstes Skateboard, 99
im Traum, 64
Karriere mit, 47
Schluckauf und, 36
Weihnachten und, 144
SLINKYS:
Erfindung von, 97
Wahnsinn durch, 97
SLIPPER, VORTEILE VON, 43
SOCKEN VOLL REIS, 149
SOFAS, vibrierende, 155
SONNENBRAND, WUNDERMITTEL GEGEN, 37
SOSSENSCHÜSSEL, 24
SPARGEL UND URIN, 26

SPITZNAMEN:
von Bart Simpson, 12, 54, 82, 101, 103, 118, 154, 168, hinterer Umschlag
schmeichelhafte, 12
SPONTANE SELBSTENTZÜNDUNG, 92
SPRECHEN MIT VOLLEM MUND, 21
SPÜLHÄNDE, 68
SQUISHEES, JUMBO:
   als Geschenk, 145
   als Medizin, 37
   schwimmen in einem See von, 65
STAUB, ANGST VOR, 124
STEIN-BRIEFBE-SCHWERER, 149
STINK-KÄFER, 8
STINKELINIEN, KÜNSTLERISCHER GEBRAUCH VON, 16, 122
STRASSENPANTOMIMEN, 48, 89, 128
STULPENSTIEFEL, 87
SUCHANZEIGEN, AUF MILCHTÜTEN, 8

T

TAL DER TRÄNEN, Vorwort
TÄTOWIERUNGEN:
   auf Biker-Bräuten, 175
   Künstler, 47
   Maschine, 58
   unanständige, 144
   TEBAHPLAMIEHEG ETKCÜRREV SAD, 97
TISCHMANIEREN:
   in Amerika, 20–21
   internationale, 28
   Rülpsen, 81
TODESDROHUNGEN, 114
TODESSTRAHLER, GALAKTISCH, 144, 145, 160
TOILETTE, EAU DE, 42
TOMATENDOSEN IM SUPERMARKT, 73

TRÄUME:
   Deutung von, 64–65
   Erfindung von, 92
   Video-Traum-Rekorder, 58
TRAUMGENERATOR, 61
TURNEN, DRÜCKEN VOR DEM, 4

U

UNIVERSUM, IN HUNDEJAHREN, 107
UNSICHTBARER FREUND, 9
URANUS:
   Fragen über, 15
   Nahaufnahmen vom, 76
   Ringe um den, 100
URIN:
   auf griechisch 127
   und Essen, 26
URKNALL, BILD VOM, 76

V

VA-DA-DA-DOING, 79
VAMPIRE:
   als Karriereziel, 46
   im Stammbaum des Lebens, 90
VGL. AUCH DRACULA
VAN GOGH, VINCENT, 92
VERHANDELN, KUNST DES, 55
VERHÜTUNGSMITTEL, 7
VERRÜCKTER WISSENSCHAFTLER, 47

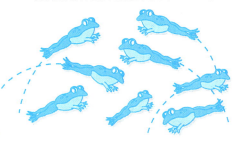

W

WAHNSINN:
  Wie treibe ich meine Eltern in den Wahnsinn?, 72–73
WARZEN:
 Gründe für, 71
 Heilmittel gegen, 37
 –schwein, ausgestopft, 76
 –Spezialist, 49
WASCHBÄRMÜTZEN, 89
WASCHMITTELPROBEN, 148
WASHINGTON, GEORGE, 88
WEIHNACHTEN:
 12 Tage vor, 144–45
 Erfindung von, 81
 Geschenke auf den letzten Drücker, 148–49
 Weihnachts-Hundefutter, 146
 Lieder für, 146–47
 VGL. AUCH WEIHNACHTSMANN

WEIHNACHTSMANN:
 Falle für den, 142–43
 Gibt-es-den-Weihnachtsmann-Debatte, 140–41
 Rülpsen des, 142
VGL. AUCH WEIHNACHTEN
WEISSER RIESE, 156, 158
WELTRAUMMUTANT, 132
WHIRLPOOL; EIGENER, 39
WOLFSMENSCH, 91, 156, 158
WOLLUST, 166
WOLPERTINGER, 110
WÖRTER, AUS-GEDACHTE, 78
WUNDER-MITTEL, 36–37

Z

ZELLULITIS, 68
ZEUGEN, PROFESSIONELLE, 134
ZIEGEN:
  als Monster, 156, 158
  gekochtes Fett von, 38
ZIGMA-WELLEN, 160
ZOMBIES:
  –filme als Schlaf-Vermeidungs-Taktik, 62
  Aufenthaltsort von, 156
  Beschreibung von, 158
  elevatorische Zombiefikation, 162
  Weihnachten und, 145
ZUCKERWATTE:
  Ernährungswert von, 22
  magische Anziehungskraft von, 154
  Maschine, 42
ZUNGE, HERAUSSTRECKEN DER, 98
ZWIEBELN:
 Gesetze zum Essen von, 136
 Verehrung von, 27

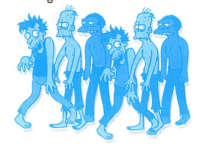